DORIS IDING

ACHTSAM IN DREI ATEMZÜGEN

Einfache Übungen in Gelassenheit für Ruhelose

INHALT

Hey, du!
Ja, du, der du gerade das Buch in der Hand hältst,
dich meine ich!
Halte mal inne.
Einfach innehalten.
Für nur drei Atemzüge in Achtsamkeit.
Bevor du etwas sagst oder tust,
was du hinterher bereust.

Hey, du!
Ja, genau du, die du gerade dies liest,
dich meine ich!
Sei mal still.
Einfach still.
Hör mir zu.
Einfach zuhören.
Sei mit mir.
Einfach zusammen sein.
Still sein, damit wir erkennen können,
dass es jenseits von ICH und DU,
von Gut und Böse,
einen Ort gibt, an dem wir eins sind.

VORWORT: DIE KUNST DER ENTSPANNUNG

Es ist wichtig, von Zeit zu Zeit langsamer zu werden, sich allein zu entfernen und einfach zu sein.

Eileen Caddy

Ich freue mich, dass du zu diesem Buch gefunden hast, um durch drei Atemzüge in Achtsamkeit zu mehr Ruhe und Gelassenheit zu finden und um mehr und mehr bei dir anzukommen.

Die gute Nachricht kommt deshalb auch gleich zu Beginn dieses Buches: Ja, du wirst zu mehr innerem Frieden finden, wenn du so häufig wie möglich drei Atemzüge in Achtsamkeit nimmst, die Tipps aus diesem Buch beherzigst und die eine oder andere Übung machst.

Allerdings gibt es einen kleinen Haken an der Sache: Nur DU kannst dich motivieren innezuhalten, drei Atemzüge in Achtsamkeit zu tun und still zu werden. Aber wenn es dir ab und zu gelingt, aus dem Hamsterrad der Routine für eine Atempause auszusteigen, für eine kurze Sitzmeditation oder eine Übung in der Natur, wirst du mit der Zeit auch Lust auf mehr bekommen. Versprochen!

Besonders längerfristige und regelmäßige Achtsamkeitsprogramme reduzieren das Stressempfinden deutlich und heben die Stimmung nachweislich. Das kann ich, eine Macherin, ein Unruhegeist mit einem übererregten Nervensystem, aus eigener Erfahrung bestätigen. Ich selbst praktiziere mittlerweile sehr bewusst und erstaunlicherweise habe ich viel mehr Zeit als früher, bin entspannter und trotzdem produktiv. Aber von einem ganz anderen, inneren Ort aus.

Allerdings kann die Praxis der Achtsamkeit keinen Arzt oder Psychotherapeuten ersetzen, wenngleich sie einen therapeutischen Prozess durchaus flankierend unterstützen und die Lebensqualität von Patienten deutlich verbessern kann.

Solltest du noch nie einen Psychotherapeuten um Unterstützung gebeten haben, so scheue dich nicht, dies jetzt zu tun. Befindest du dich bereits in einer Therapie, möchte ich an dieser Stelle eine Empfehlung aussprechen: Wenn du unter starker Unruhe, Rastlosigkeit, Ängsten, Panikattacken oder Depressionen leidest, besprich mit deinem Arzt oder Psychotherapeuten, ob die längeren Meditationen in diesem Buch für dich geeignet sind oder ob du zunächst nur die kürzeren Übungen ausprobieren solltest.

In meinen Augen kann Achtsamkeit nicht nur die Lösung für deine persönlichen Probleme sein, sondern auch für die großen Herausforderungen unserer Zeit wie Umweltverschmutzung, den Verlust von echten Beziehungen, politische Konflikte und ökonomische Gier. Aber auch hier gilt:

Jede und jeder Einzelne von uns sollte hier die Veränderung sein, die sie oder er in der Welt zu sehen wünscht. Wir fangen heute und hier an mit drei Atemzügen in Achtsamkeit.

Mir macht auf jeden Fall Mut, dass immer mehr Menschen Achtsamkeit praktizieren, und es stimmt mich optimistisch für eine bessere Zukunft. An Tagen, an denen mich die Flut an negativen Nachrichten zu überwältigen droht, beruhigt und motiviert mich dieser schöne Gedanke: Solltest du dich an manchen Tagen schwertun, eine der Übungen aus diesem Buch zu machen, sei dir bewusst, dass es irgendwo auf der Welt einen Menschen gibt, der ebenfalls in diesem Moment drei Atemzüge in Achtsamkeit nimmt. So seid ihr und sind wir alle auf einer tiefen Ebene miteinander verbunden. Ist das nicht eine wunderschöne Vorstellung?

Ich wünsche dir viel Freude auf deinem Weg, auf dem dich die Achtsamkeit freundlicher dir selbst gegenüber machen und sich Unruhe in inneren Frieden verwandeln wird.

Doris Iding

PS: Noch ein Tipp: Du findest in diesem Buch einige Entspannungsübungen und Meditationen. Damit du beim Üben nicht mit einem Auge ins Buch schauen musst, empfehle ich dir, die Anleitungen auf dein Smartphone aufzusprechen – oder jemanden zu bitten, dies für dich zu tun.

EINFÜHRUNG: DEN LÄRM DER WELT HINTER SICH LASSEN

In der Ruhe liegt die Kraft.

KONFUZIUS

Du wirst gut 50 Atemzüge brauchen, um diese Einführung zu lesen. Solltest du zwischendurch auf »Bling!« oder »Tridilili« reagieren, weil eine neue WhatsApp-Nachricht reinkommt oder du schnell mal eben auf dein Tablet schaust, brauchst du natürlich mehr Atemzüge. Nicht eingerechnet sind die Minuten, die hinzukommen, wenn du dem Impuls nachgibst, auf die SMS von einer Freundin oder dem Kollegen zu antworten.

Die Erfahrung der geringen Konzentrationsfähigkeit mache ich übrigens auch häufig in den zahlreichen Achtsamkeits- und Meditationskursen, die ich leite. Und genau diese ruhelosen Teilnehmer – das waren in den letzten Jahren eine Menge – haben mich dazu inspiriert, dieses Buch zu schreiben. Sie erzählen mir, dass sie in einer Meditation bereits nach wenigen Atemzügen, spätestens aber nach zwei bis drei Minuten unruhig werden und am liebsten sofort aufspringen würden, um wieder irgendetwas zu tun.

Zu viel von allem

Neben der abnehmenden Konzentrationsfähigkeit fehlt uns auch die Zeit, all die Informationen und Eindrücke zu verarbeiten, mit denen wir im Verlauf eines Tages konfrontiert werden. Gibt es doch mittlerweile kaum noch einen öffentlichen Raum, in dem kein Fernseher oder Infoscreen flimmert, in dem keine Musik gespielt wird oder sonstige Informationen und Geräusche auf uns einprasseln.

Stille ist zur Mangelware geworden. Stattdessen gibt es an jeder Ecke Angebote zur Ablenkung. Zu viel. Zu schnell. Zu dringlich. Zu vergänglich. Die permanente Reizüberflutung und die ständige Aufforderung, dass wir dieses oder jenes lesen, hören oder kaufen sollten, um informierter, erfolgreicher, gesünder, produktiver, beliebter oder reicher zu werden, durchdringen jeden Winkel unseres Lebens. Ruhelos finden wir immer weniger Zeit zum Durchatmen, Zeit, um zu uns zu kommen, und Zeit zu erkennen, was uns wirklich wichtig ist.

Einfach sein

Angesichts der überwältigenden Informationsflut entsteht bei immer mehr Menschen der Wunsch, die Augen zu schließen, die Ohren zuzuhalten, die Tür hinter sich zuzumachen und der Hektik der Welt den Rücken zu kehren. Nicht erreichbar sein. Offline sein. Nicht antworten müssen. Nicht zuständig sein. Durchatmen. Drei Atemzüge in

Achtsamkeit tun. Einfach nur mal wieder sein. Einfach sein. Einfach. Sein.

Ja, eigentlich wissen wir alle, wie es geht. Wir haben es schon so oft gelesen und gehört, haben vielleicht auch schon Seminare besucht, die uns zeigen, wie wir langsamer, bewusster und mitfühlender mit uns selbst werden können. Aber leider geht es doch nicht so einfach, wie uns all die Lifestyle-Magazine, Achtsamkeitslehrer, Coaches und Kursleiter weismachen wollen. Manchmal setzen uns diese Selbstoptimierungsimpulse sogar nur noch mehr unter Druck, anstatt einen gangbaren Weg aus dem Dilemma aufzuzeigen. Denn so schnell, wie es uns all die Ratgeber versprechen, wird sich das Gefühl der Entspannung bei den meisten nicht einstellen. Wir scheitern grandios an der Realität und an uns selbst, unseren hartnäckigen, tief verankerten Gewohnheiten, unserem übererregten Nervensystem oder an unverarbeiteten Traumata.

Dann beginnt ein Teufelskreis, da wir uns unfähig fühlen und glauben zu versagen, denn unser Vorsatz, weniger zu machen und mehr zu sein, lässt sich nicht von heute auf morgen umsetzen. Manchmal landen wir dann noch erschöpfter als vorher auf dem Sofa, weil wir den Anforderungen eines überambitionierten Yogalehrers oder unfähigen Meditationslehrers nicht gerecht geworden sind. Deswegen:

Immer mit der Ruhe

Die Lösung ist ganz einfach: Mach dich locker! Befreie dich von äußeren Vorgaben, Zwängen und Konzepten. Beginne da, wo du gerade bist. Und zwar mit drei Atemzügen in Achtsamkeit. Nimm dich auch so an, wie du gerade bist. Mit allem, was ist. Von Moment zu Moment. Von Atemzug zu Atemzug. Denn nichts vermittelt dem Nervensystem ein so klares Signal zur Entspannung wie eine tiefe Ausatmung in Verbindung mit einer bewussten Einatmung.

Drei Atemzüge in Achtsamkeit hintereinander. Danach vielleicht sogar fünf, zehn, dreißig … Nach und nach Frieden schließen mit dir selbst und mit der Welt, den Druck rausnehmen, den Anspruch hinter dir lassen, dich immer noch ein bisschen mehr optimieren zu wollen. Drei Atemzüge in Achtsamkeit, um mit ihrer Hilfe zu lernen, dich besser anzunehmen, wie du bist. Mit allem, was dazugehört, allen Licht- und Schattenseiten. Denn diese vollkommene Annahme ist die Voraussetzung für ein erfüllteres, stressfreieres und langsameres Leben.

Das ist natürlich eine enorme Herausforderung und in meinen Augen die große Kür. Schließlich wollen wir ihn ja auf der Stelle loswerden, den Druck, das Gefühl der Enge, die zunehmende Frustration, das wachsende Gefühl der Sinnlosigkeit, die physische und psychische Erschöpfung und den zunehmenden Stress. Das wird uns allerdings erst gelingen, wenn wir alles akzeptieren, was ist. Denn nur das, was da sein darf, kann sich auch ändern!

Hand aufs Herz

Der Ruhelosigkeit kannst du ein Ende setzen, wenn du innehältst und dich einer Selbstanalyse unterziehst. Lege die Hand aufs Herz und frage dich: Warum stehe ich ständig unter Strom? Warum rege ich mich über so viele Kleinigkeiten auf? Warum habe ich Angst vor der Stille? Wieso bin ich so hart zu mir selbst? Verwechsle ich Ruhe mit Langeweile? Wie kann ich liebevoll mit Gefühlen wie Wut, Angst, Eifersucht, Neid und Ruhelosigkeit umgehen? Warum kann ich fünfe nicht mal gerade sein lassen? Warum brauche ich immer mehr?

Wenn es dir gelingt, dich konstruktiv mit solchen Fragen auseinanderzusetzen und dabei ehrlich zu sein, wirst du merken, wie ungesund es ist, zehn Dinge gleichzeitig zu machen, dir Projekte aufzuhalsen, obwohl du mehr als genug zu tun hast, und niemals Nein zu sagen. Sei versichert: Du brauchst ab jetzt nicht mehr vor dir selbst und dem Leben weglaufen, sondern wirst mithilfe der Achtsamkeit mehr und mehr im Hier und Jetzt ankommen.

Dieses »Hier und Jetzt« klingt in deinen Ohren vielleicht abgedroschen. Aber nur im gegenwärtigen Moment kommst du mit dir selbst in Kontakt. Dabei sind drei Atemzüge in Achtsamkeit von unermesslichem Wert. Sie sind das Bindeglied zwischen Körper und Geist, Gestern und Morgen. Im Laufe dieses Buches wirst du erfahren, dass die Achtsamkeit dir hilft, deine tiefen Verletzungen, den inneren Antreiber und den inneren Kritiker kennenzulernen und Frieden mit ihnen zu schließen. Sie hilft dir, in Kontakt zu kommen mit der tiefen Weisheit, die jedem Menschen innewohnt – auch dir! Diese Weisheit weiß genau, was für dich am besten ist und wovon du besser die Finger lassen solltest. Sie ist Ausdruck deiner Einzigartigkeit, und keiner weiß so gut, was du brauchst, wie deine innere Weisheit.

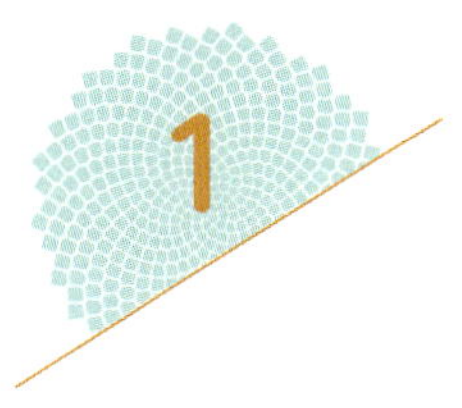

1 MEHR ACHTSAMKEIT, WENIGER STRESS

Bevor du beginnst, Teil 1 dieses Buches zu lesen,
halte doch bitte einen kurzen Moment inne.
Genauer gesagt:

DREI ATEMZÜGE IN ACHTSAMKEIT

Einatmen.
Ausatmen.

Einatmen.
Ausatmen.

Einatmen.
Ausatmen.

Super!
Weiter geht’s mit etwas Hintergrundwissen.

ACHTSAMKEIT: PURISTISCH UND DETAILVERLIEBT

Achtsam zu sein bedeutet, wach zu sein.
Es bedeutet zu wissen, was wir tun.

Jon Kabat-Zinn

Was genau ist Achtsamkeit? Mittlerweile findest du den Begriff überall, jeder verwendet ihn. Eine in der Forschungsliteratur am häufigsten zitierte Definition von Achtsamkeit stammt von dem US-Amerikaner Jon Kabat-Zinn, dem Begründer der MBSR (Mindfulness-Based Stress Reduction, Achtsamkeitsbasierte Stressreduktion). Ihm zufolge ist Achtsamkeit eine bestimmte Form der Aufmerksamkeit, sie ist »nicht wertend und bezieht sich auf den gegenwärtigen Moment anstatt auf Vergangenheit oder Zukunft«. Jon Kabat-Zinns Erkenntnisse und Methoden, so bahnbrechend und wichtig sie auch sind, beruhen jedoch auf den Erfahrungen und Lehren eines anderen Achtsamkeitslehrers: Siddhartha Gautama, heute besser unter dem Namen Buddha bekannt. Der indische Aristokratensohn, der allen Wohlstand hinter sich ließ, durch Achtsamkeit erwachte und so Erleuchtung fand. Er sagte: »Wenn wir Achtsamkeit praktizieren, beruhigt sich der Geist.« Weiter ausgeführt: Wenn sich der Geist beruhigt, beruhigt sich der Körper. Wenn sich Körper und Geist beruhigen, können wir uns mit Abstand betrachten und erkennen, wie schnell wir auf äußere Reize reagieren und uns in ihnen verlieren.

Für Thich Nhat Hanh, einen zeitgenössischen und weltbekannten buddhistischen Mönch und politischen Aktivisten, bedeutet Achtsamkeit nicht mehr und nicht weniger als die Konzentration auf den Augenblick: »Wenn ich gehe, dann gehe ich. Wenn ich Tee trinke, trinke ich Tee.«

Achtsamkeit ist zutiefst puristisch. Sie beschränkt sich auf das Wesentliche und kann dich durch diese Reduktion in die innere Weite führen. Sie kann dich durch eine achtsam getrunkene Tasse Tee oder drei Atemzüge in den gegenwärtigen Moment katapultieren. Sie unterstützt dich darin, den Blick auf das Wesentliche zu richten und trotzdem im Fluss mit dem Leben zu sein, die Verbindung zu anderen zu spüren und doch gleichzeitig ganz bei dir selbst zu sein. Das wird dich dazu inspirieren, mehr Selbstfürsorge zu entwickeln, was wiederum deine privaten Beziehungen und dein Berufsleben sehr positiv beeinflussen wird. Selbstfürsorge bringt dich mit deinen wahren Bedürfnissen in Kontakt und verhilft dir so zu innerer Klarheit, die nicht nur dir, sondern auch deiner Umwelt guttun wird.

Achtsamkeit, regelmäßig ausgeübt, hilft Menschen dabei:

- Wichtiges von Unwichtigem zu unterscheiden.
- Mehr Bewusstsein für sich selbst, die eigenen körperlichen und mentalen Bedürfnisse zu entwickeln.
- Die Konzentrationsfähigkeit nachhaltig zu verbessern.

- Die Umwelt bewusster zu erleben.
- Geistig und körperlich flexibler zu werden.
- Sich schneller und nachhaltiger zu entspannen.
- Seine Ressourcen zu aktivieren und besser zu nutzen.
- Nachhaltiger mit Umweltressourcen umzugehen.
- Besser mit Schicksalsschlägen fertigzuwerden.
- Nicht immer alles persönlich zu nehmen.
- Ruhiger und gelassener zu werden.

Leichter leben mit Achtsamkeit

Hier kommen schon die ersten Übungen – lass uns mit einer wichtigen Frage beginnen:

Warum willst du mehr Achtsamkeit in dein Leben bringen?

Dir deiner Beweggründe für die Achtsamkeitspraxis bewusst zu sein ist nämlich wesentlich für den Erfolg deines Unternehmens. An ihnen kannst du dich orientieren, wenn du dein Ziel vor lauter Stress mal wieder aus den Augen verloren hast. Schreibe drei Gründe auf, warum du Achtsamkeit in dein Leben bringen möchtest. Wann immer du deine Motivation aus den Augen verlierst, kehre zu dieser Liste zurück und lies sie dir laut vor.

1. ....
2. ....
3. ....

Wenn dir noch mehr Gründe einfallen, darfst du sie natürlich auch notieren. Vielleicht motivieren dich Menschen in deinem Umfeld, an denen du eine positive Veränderung durch Achtsamkeit wahrnehmen kannst? Orientiere dich besonders an solchen Tagen an ihnen, an denen du an der Wirksamkeit der Achtsamkeit zweifelst. Aber mach dir bewusst, dass diese Menschen wahrscheinlich schon länger meditieren und das vermutlich über einen längeren Zeitraum. Schreibe hier die Namen von Menschen auf, die dich inspirieren:

1. ....
2. ....
3. ....
4. ....
5. ....
6. ....
7. ....

Rufe dir deine Motivation immer wieder ab und halte regelmäßig inne, um drei Atemzüge in Achtsamkeit zu nehmen. Regelmäßigkeit ist deshalb so wichtig, weil unser Nervensystem Wiederholung braucht, bis uns das, was uns guttut, buchstäblich in Fleisch und Blut übergegangen ist.

Vergiss nicht: DU erschaffst deine Welt und somit auch den Stress in deiner Welt! Es gibt keinen äußeren Stress, sondern es ist deine Sicht auf dich, dein Umfeld und die Welt, die dazu führt, dass du Stress empfindest.

MITTEN IM ALLTAG DA SEIN

In einem Jahr wirst du dir vielleicht wünschen, dass du heute angefangen hättest…

ANGELA GWINNER

Bist du bereit, heute damit zu beginnen, dein Leben zu ändern? Also von nun an immer wieder für ein paar Momente, Minuten oder noch länger, innezuhalten? Bist du bereit, aus dem Hamsterrad des ewigen Tuns und des unreflektierten Denkens auszusteigen? Ja?! Herzlichen Glückwunsch, denn dann wirst du dich schon bald wieder als richtig lebendig erfahren! Dieses Gefühl der Lebendigkeit wird dich wiederum mit tiefer Ruhe, deiner Quelle der Freude und mit innerer Zufriedenheit in Kontakt bringen. Ressourcen, die du vor lauter Ruhelosigkeit vielleicht aus den Augen verloren hattest oder von denen du gar nicht geahnt hast, dass sie in dir schlummern.

Darf ich vorstellen: Der Autopilot

Diesem Wunder, das Leben immer wieder durch bewusstes Innehalten von Moment zu Moment neu zu erfahren, steht nicht viel im Weg, aber ein unangenehmer Zeitgenosse macht sich ziemlich breit: der Autopilot. Er jagt dich wie ferngesteuert durchs Leben, flankiert von alten, oft schädlichen Gewohnheiten und Verhaltensmustern. Unter seinem Einfluss verbringst du einen Teil deines Lebens sozusagen in kompletter Abwesenheit. Diesen Autopiloten haben wir nicht nur bei Routinehandlungen wie dem täglichen Zähneputzen, Frühstücken, Arbeiten oder Fernsehen eingeschaltet. Er ist auch auf tieferen Ebenen, bei inneren Vorgängen, aktiv. Die meisten unserer Gedanken, Gefühle und Körperempfindungen, die sich gegenseitig bedingen und zum Teil dafür sorgen, dass wir nicht zur Ruhe kommen, laufen automatisch ab. Unsere Denk- und Handlungsmuster unterliegen festgefahrenen Automatismen, die reflexartig Reaktionen auslösen oder in die wir ungewollt immer wieder zurückfallen, und das meist schon seit unserer Kindheit.

Bekanntschaft mit dem Wenn-Dann-Geist

Ein weiteres interessantes Phänomen, das dich wirksam davon abhält, Bewusstheit zu entwickeln und mehr bei dir selbst anzukommen, ist der »Wenn-Dann-Geist«. Er hält dich gekonnt davon ab, jetzt gleich mit der Praxis der Achtsamkeit anzufangen. Er verspricht dir immer wieder, dass du spätestens heute Abend, am kommenden Wochenende, in den nächsten Ferien oder mit Eintritt in die Rente so richtig loslegen wirst mit einem Leben in Ruhe, Gelassenheit und Achtsamkeit.

Mit etwas Übung wirst du deine inneren negativen Stimmen nach und nach besser erkennen und dich nicht mehr von ihnen beherrschen lassen. Wenn du in Zukunft wahrnimmst, dass du wieder einmal mit einem Ja geantwortet hast, obwohl du Nein gemeint hast, oder du etwas sein lässt, das du dir zur Entspannung vorgenommen hast, hast du bereits den ersten Schritt in Richtung Entspannung und Selbstfürsorge getan. Bei ständiger Belastung ohne Gegenmaßnahmen ist es kein Wunder, dass sich deine Nerven mit jedem Jahr mehr anfühlen wie überspannte Gummibänder, so dünn, als würden sie bei der nächsten größeren Anspannung reißen. Jedes nicht geäußerte, aber gefühlte »Nein!« führt dazu, dass du dich mit Verpflichtungen und Arbeit überlädst, bis dir der Kopf raucht. Angesichts endlos langer To-do-Listen weißt du am Ende nicht mehr, was du zuerst machen sollst, oder?

Sag jetzt einfach Stopp und halte inne!

Mach sie einfach.

Mach sie jetzt, deine:

DREI ATEMZÜGE IN ACHTSAMKEIT

Einatmen.
Ausatmen.

Einatmen.
Ausatmen.

Einatmen.
Ausatmen.

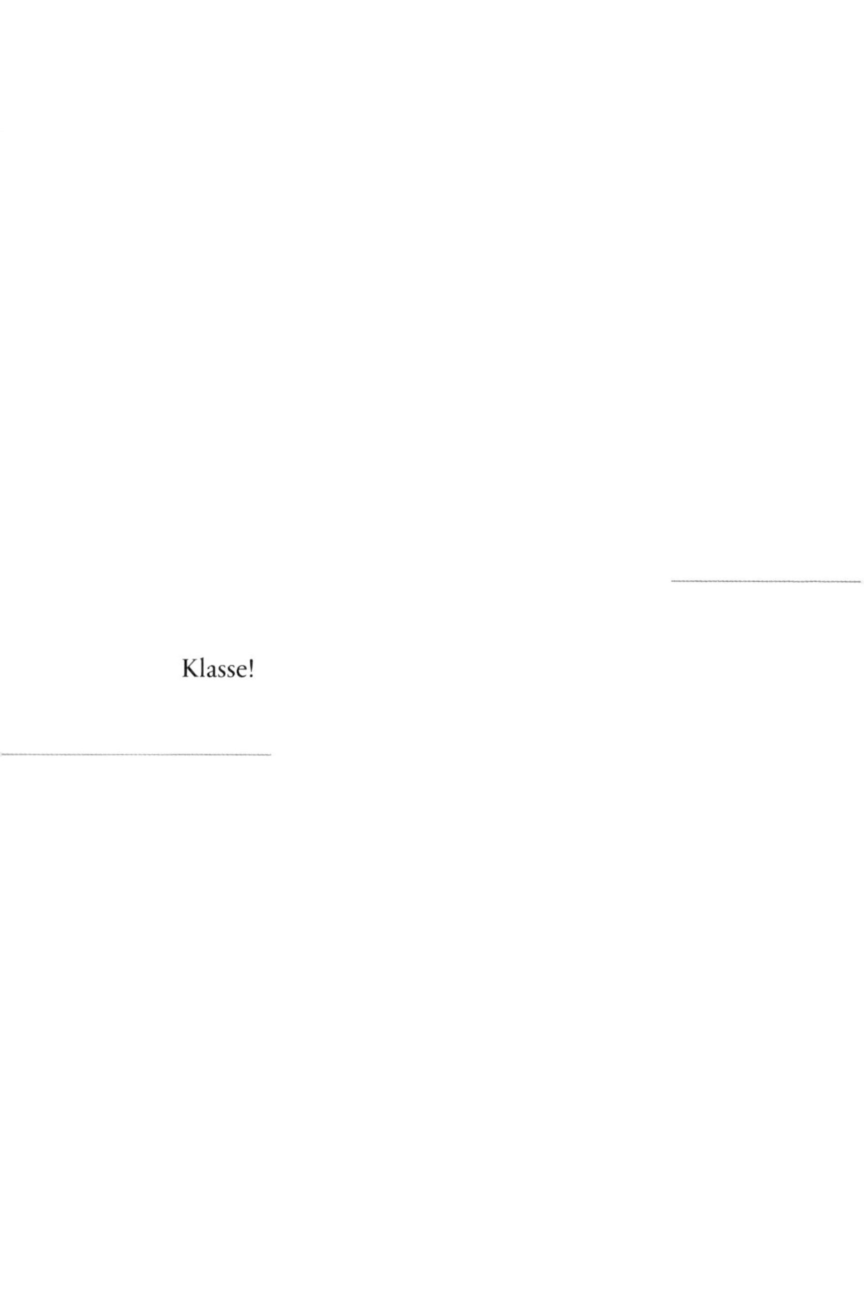
Klasse!

WENN NICHT JETZT, WANN DANN?

In jedem Augenblick
könnte ich anfangen,
ein besserer Mensch zu sein …
Aber welchen Augenblick
soll ich wählen?

ASHLEIGH BRILLIANT

Wie vertraut ist dir der oben erwähnte Wenn-Dann-Geist? Vielleicht hast du schon oft den Vorsatz gehabt, gesünder zu leben, weniger im Internet zu surfen, mehr in der Natur zu sein, öfter Yoga zu machen und regelmäßig zu meditieren. Vielleicht ist es dir bislang noch nicht gelungen, diese Vorsätze in die Tat umzusetzen, weil dein Wenn-Dann-Geist so stark ist. Schiebst du gerne die Teilnahme an einem Yogakurs, den Besuch im Fitnessstudio, den Entschluss, mehr zu tanzen, länger zu schlafen, weniger Alkohol zu trinken oder mehr Zeit mit deiner Familie oder Freunden zu verbringen, immer wieder auf? Gibt es in deinem überladenen Alltag immer etwas Wichtigeres, das du unbedingt noch erledigen musst, bevor du Zeit für dich selbst hast?

Auch hier bist DU selbst wieder gefragt! Denn nur DU kannst Stopp sagen und Dinge, die dir guttun, in dein Leben integrieren. Fang am besten gleich jetzt damit an!

Baue schöne, wohltuende und entspannende Aktivitäten und Beschäftigungen in deinen Wochenplan ein und ändere den Wenn-Dann-Geist in den Wenn-Nicht-Jetzt-Wann-Dann-Geist! Mach die Dinge, die dir guttun, lobe dich dafür und genieße sie.

Fange am besten noch heute damit an, indem du aufschreibst, was dir guttut und was du anders machen möchtest. Gedanken aufzuschreiben hilft, Ordnung im Kopf zu schaffen. Ordnung im Kopf zieht Ruhe im Körper nach sich. Probier's gleich aus:

Was mich entspannt:

1. ....
2. ....
3. ....
4. ....
5. ....
6. ....
7. ....

Was mir Energie schenkt:

1. ....
2. ....
3. ....
4. ....
5. ....
6. ....
7. ....

WENIGER STRESS, MEHR ERFÜLLUNG

Achtsamkeit bedeutet, ganz präsent
im Hier und Jetzt zu sein!
Achtsamkeit bedeutet, offen zu sein,
ohne Druck,
ohne Anspruch, es besonders gut machen zu müssen.
Achtsamkeit bedeutet, offen zu sein für alles!

BUDDHA

Damit die Achtsamkeit ihre volle Wirksamkeit entfalten kann, ist es nicht nur wichtig, sich bewusst zu werden, wer und was dir Kraft raubt oder schenkt, sondern es ist auch eine Veränderung unbewusster Haltungen notwendig. Glaubenssätze wie »Ich bin nichts wert«, »Ich bin ein Versager«, oder »Ich muss mir alles schwer erarbeiten« haben jetzt ausgedient. Manche von diesen Glaubenssätzen haben wir sozusagen schon mit der Muttermilch aufgesogen, andere sind kulturell geprägt und hängen zum Beispiel mit unserem Geschlecht zusammen.

Unbewusste Glaubenssätze zu erkennen und sich davon zu befreien kann nicht über Nacht geschehen; Selbstbeobachtung, Ehrlichkeit und Motivation sind nötig, um sich ihnen zu stellen. Mit der Zeit wirst du deine Wahrnehmung schulen und kannst negative Glaubenssätze durch sechs heilsame innere Haltungen ersetzen, die ich dir auf den folgenden Seiten vorstelle. Anfangs wirst du dich vielleicht mit jedem Schritt, mit jedem Atemzug und mit jeder Tasse Tee an sie erinnern müssen. Aber mit der Zeit wirst du erfahren, wie diese Haltungen alle Aspekte deines Seins bereichern und du dadurch ruhiger und entspannter wirst. Irgendwann musst du dich gar nicht mehr an die Worte erinnern, du lebst sie einfach. Genau diese Momente zählen zu den schönsten auf der Reise nach innen.

Der wichtigste Rat ist: Sei nicht ungeduldig mit dir. Wenn du feststeckst und strauchelst, steh immer wieder auf und mach weiter. Neugierig, offen und achtsam.

Sechs heilsame Haltungen

Sechs grundlegende Haltungen in Achtsamkeit machen es dir leichter, aus dem Hamsterrad der Unruhe auszusteigen und den Weg der Ruhe und Gelassenheit einzuschlagen. Wenn du sie beherzigst, kommst du dir schon bald ein ganzes Stück näher und das Leben wird leichter.

Haltung Nr. 1: Alles, was ist, darf sein

Meistens wollen wir mehr von dem, was uns gefällt, und weniger von dem, was wir nicht mögen. So sind wir mit Projektionen in die Zukunft oder Erinnerungen an die Vergangenheit beschäftigt und selten mit dem zufrieden, was der gegenwärtige Moment bereithält. Bereits Buddha hatte dies erkannt, und das zu einer Zeit, in der man noch nicht dauernd an Plakaten und Werbebannern vorbeikam, die suggerieren, dass uns zum Glück immer noch etwas fehlt: ein schöneres Auto, ein größeres Haus, ein schnelleres Smartphone, ein erfolgreicherer Partner, eine schlankere Freundin, gewinnbringendere Geschäfte, abenteuerlichere Ferien. Solange wir uns dieser Manipulation nicht bewusst werden und nicht erkennen, dass uns all diese äußeren Dinge nur eine temporäre Befriedigung verschaffen können, werden wir weiterhin durch unser Leben hetzen. Im schlimmsten Fall rennen wir so lange Idealen hinterher, bis uns die Luft ausgeht.

Erkennen wir hingegen, dass die Konsumverführungen zu innerer Leere, Frustration oder unterschwelliger Angst führen, können wir innehalten und die Ursachen dieser Gefühle untersuchen.

Nimmst du dich vollständig an, spürst du, warum du dich gerade vielleicht ungenügend, traurig, leer, wütend oder frustriert fühlst oder, im nächsten Schritt, was es mit dir macht, wenn dein Leben nicht so läuft, wie du es dir wünschst. Sich gegen unabänderliche Lebensumstände zu wehren ist sinnlos, verbraucht enorm viel Energie und macht ruhelos. Erst wenn du aus tiefstem Herzen annimmst, was gerade ist, kann sich eine neue Tür öffnen, ein neuer Weg ergeben oder ein souveräner, heilsamer und entspannter Umgang mit dem Leben und mit uns selbst entstehen. Anzunehmen, was ist, heißt aber nicht, fatalistisch oder gar passiv zu sein. Manchmal musst du in Aktion treten und das, was nicht mehr zu deinem Leben passt, ändern oder loslassen. In anderen Situationen ist es dagegen nötig, den Aktivismus loszulassen und stattdessen nichts zu tun, sondern zu sein. Einfach sein. Einfach. Sein.

Anzunehmen, was ist, bedeutet, dass wir besonders während einer Meditation die Ruhelosigkeit, die Nervosität, die Ängste und all die Gefühle, Gedanken und Körperempfindungen, die auftauchen, da sein lassen. Beim Meditieren ist es wie im richtigen Leben: Ruhelosigkeit und Sorgen wollen wir lieber schnell loswerden. Aber auch wenn es paradox klingt: Der erste Schritt in Richtung Befreiung ist anzunehmen, was ist, egal ob es uns gefällt oder nicht. Denn nur was sein darf, kann sich ändern.

Bei spirituellen Praktiken ist der »Um-zu-Geist« ausgesprochen hinderlich. Wir machen Yoga, um beweglicher zu werden. Wir meditieren, um ruhiger zu werden. Wenn es denn ein Ziel in der Meditation gibt, dann dieses: zu erkennen, warum die Dinge (wir) so sind, wie sie (wir) sind. Manchmal kann große Heilung darin liegen, Gefühle wie Traurigkeit, Einsamkeit oder Wut anzunehmen. Gefühle wollen gefühlt werden.

Halte inne für:

DREI ATEMZÜGE IN ACHTSAMKEIT

Einatmend nehme ich alles an, was ist.
Ausatmend höre ich auf, mich gegen das Leben
zu wehren, wie es gerade ist.

Einatmend nehme ich alles an, was ist.
Ausatmend höre ich auf, mich gegen das Leben
zu wehren, wie es gerade ist.

Einatmend nehme ich alles an, was ist.
Ausatmend höre ich auf, mich gegen das Leben
zu wehren, wie es gerade ist.

Wie fühlt es sich an, wenn du das Leben nicht anders haben willst, als es ist?
Was verändert sich, wenn du Ja sagst zu dem, was gerade ist?
Wie fühlt sich dein Körper an, wenn du aufhörst zu machen, zu kämpfen, zu kontrollieren und stattdessen mit dem bist, was gerade ist, und es vollkommen annimmst?

Übung: Alles, was ist, darf sein (3-Minuten-Meditation)

Die folgende Meditation lädt dich ein, den Alles-was-ist-Geist zu kultivieren und sogar länger damit zu sein als drei Atemzüge.

Setze dich bequem hin. Schließe vielleicht die Augen.

Atme zuerst ein paar Mal durch die Nase ein und anschließend durch den Mund aus, um hier in diesem Moment anzukommen.

Lass alle Erwartungen, Wünsche, Vorstellungen
und Hoffnungen los. Versuche, da zu sein.
Mit allem, was dich ausmacht.

Du kannst gern eine Hand auf dein Herz legen,
als Zeichen dafür, dass du dir selbst Ruhe schenkst,
dich dir zuwendest. Absichtslos. Bedingungslos.

Du musst nichts leisten. Sei da. So, wie du bist.

Atme entspannt ein und aus.

Mit jeder Ausatmung kommst du mehr im Moment an.

Lass alles da sein, was sich zeigt: Gedanken, Gefühle, Körperempfindungen, Ruhelosigkeit, Stress.

Gib allem Raum. Bedingungslos. Absichtslos.

Du kannst beim Ein- und/oder Ausatmen still Ja sagen.

Weite deine Aufmerksamkeit auf deinen ganzen Körper aus. Nimm wahr, wie die Einatmung den Brustkorb und den ganzen Oberkörper dehnt. Auch hier kannst du beim Ausatmen still Ja sagen. Lass Weite geschehen.

Wenn deine Gedanken abschweifen, hol dich zurück, indem du die Aufmerksamkeit auf den Atem richtest.

Weite dein Gewahrsein aus: über deinen Körper hinaus auf den Raum, in dem du sitzt, auf das Haus, in dem du dich befindest, die Stadt, in der du bist, das Land, den Himmel über dir. Alles hat Platz. Ruhelosigkeit, Entspannung, Ängste, Freude, Sorgen, alles, was gerade den Raum deines Gewahrseins bewegt. Alles darf sein, ohne dass du dich mit etwas davon identifizierst, es verändern willst oder anders haben möchtest. Alles, was ist, darf sein.

Atme am Ende der Meditation drei Mal bewusst tief ein und wieder aus und kehre in den Alltag zurück.

Übe diese Meditation öfter, da sich ihre Wirkung erst durch regelmäßige Praxis entfalten wird. Dann wird sie dich besonders in stressigen Zeiten schneller in deine Mitte zurückbringen. Natürlich kannst du diese Übung länger ausdehnen – jede Minute lohnt sich.

Haltung Nr. 2: Kultiviere Geduld

Es ist eine Herausforderung, die Praxis der Achtsamkeit in einen Alltag zu integrieren, der mit Verpflichtungen und Aufgaben überladen ist. Der Weg vom Gefühl, dass die Zeit vorne und hinten nicht reicht, zu einer Geisteshaltung, in der ein paar achtsame Atemzüge oder eine Meditation in Stille immer möglich sind, ist anspruchsvoll.

Gewohnheiten zu ändern erfordert viel Disziplin, Vertrauen und Geduld: Disziplin wie beim Erlernen eines Instruments ist notwendig, weil du Zeit brauchst, bis du ein Gefühl für das Instrument – die Achtsamkeit – entwickelst. Natürlich musst du konstant üben, um dieses Instrument zu beherrschen. Wenn du dich schon mal einem Musikinstrument gewidmet hast, weißt du, dass es bei konsequentem Üben in Fleisch und Blut übergeht. Du hast erfahren, wie schön es sich anfühlt, wenn du eins geworden bist mit dem Instrument.

Vertrauen brauchen wir besonders in Momenten, in denen – im übertragenen Sinne – eine Saite des Instruments reißt und wir glauben, in unserer inneren Entwicklung eher zwei Schritte zurück als einen Schritt vorwärts gemacht zu haben.

Schließlich ist Geduld unabdingbar, weil es dir nicht gelingen wird, Gewohnheiten von heute auf morgen zu ändern. Darüber hinaus schenkt uns Geduld ein Gefühl von Demut, lässt den Blick weit werden. Das Gras wächst nicht schneller, wenn wir daran ziehen. Je häufiger du die Übungen machst, desto häufiger wird es dir gelingen, unkontrollierte Gefühlsausbrüche zu vermeiden, negative Gedankenschleifen zu umgehen und reflexartige körperliche Reaktionen zu steuern. Du wirst souveräner reagieren, überlegter handeln und gelassener mit den Herausforderungen umgehen, die dir das Leben ungefragt immer wieder schicken wird.

Übung: Säe Samen der Geduld

Lege dir ein kleines Beet an und säe darin ein paar Samen, sei es von Kräutern, Obst oder Gemüse. Sie symbolisieren deinen Wachstumsprozess, dein Vorhaben, mehr Geduld und natürlich auch mehr Achtsamkeit in dein Leben zu integrieren. Kümmere dich um dieses Beet und nimm jedes Mal, wenn du davorstehst, bewusst drei Atemzüge in Achtsamkeit, um Geduld zu kultivieren.

Weniger ist mehr

Wenn du die Achtsamkeit gerne zu einem Bestandteil deines Lebens machen möchtest und dir vornimmst, drei, 33 oder sogar 333 bewusste Atemzüge in dein Leben zu integrieren, so ist das ein lobenswertes Ziel. Allerdings könnte es sein, dass du dich damit überforderst. Sind so viele Pausen in deinem Alltag überhaupt möglich? Weniger ist mehr: Fang lieber langsam an und konzentriere dich auf das Machbare. Nimm dir eine Tätigkeit am Tag vor, die du achtsam ausführen möchtest. Wenn du Meditation in deinen Alltag integrieren willst, dann suche dir einen Zeitpunkt am Tag aus, der es dir leichtmacht, für diese Meditation innezuhalten.

Altes mit Neuem verbinden

Wenn du längere Meditationen oder Übungssequenzen zu einem Bestandteil deines Alltags machen möchtest, bilde eine Kette zwischen einer alten und einer neuen Gewohnheit. Etabliere etwa die Meditation »Alles, was ist, darf sein« (siehe S. 35) vor dem Frühstück. So verbindet sie das Gehirn mit etwas Schönem, nämlich dem Frühstück, als direkter Belohnung. Diese Belohnung sorgt für die Ausschüttung einer gehörigen Portion Dopamin, eines Glückshormons, das sich positiv auf Gefühle und Körperempfinden auswirkt.

Mach einfach weiter!

Dranbleiben ist die Zauberformel, mit der du die drei Atemzüge in Achtsamkeit in dein Leben integrierst. Natürlich kann es passieren, dass du mal vergisst innezuhalten, aber wichtig ist, dass du dranbleibst und falls nötig von vorn beginnst. Erst nach mindestens 60 Wiederholungen etabliert sich eine neue Gewohnheit in unserem Gehirn, sodass wir in stressigen Zeiten auf sie zurückgreifen können.

Mach dich nicht klein

Solltest du die Übungen vor lauter Stress vergessen, ein paar Tage Pause machen mit der Achtsamkeitspraxis oder einfach mal keine Lust haben, dann mach dir keine Vorwürfe. Lobe dich dafür, dass du deinen Widerstand oder deine Vergesslichkeit überhaupt bemerkt hast. Glaube deinen inneren Stimmen nicht, die dir erklären wollen, dass du sowieso nicht durchhältst. Mach einfach weiter. Halte stattdessen inne und nimm drei Atemzüge in Achtsamkeit.

Halte inne für:

DREI ATEMZÜGE IN ACHTSAMKEIT UND GEDULD

Ich atme Geduld ein
und Unruhe aus.

Ich atme Geduld ein
und Unruhe aus.

Ich atme Geduld ein
und Unruhe aus.

Wie fühlt es sich an, wenn du deine Aufmerksamkeit auf die Geduld lenkst, anstatt deine Unruhe zu füttern?

Haltung Nr. 3: Offen werden, neugierig bleiben

Erinnerst du dich noch an Jon Kabat-Zinns Definition der Achtsamkeit? Achtsam zu sein bedeutet, möglichst wertfrei und offen zu sein für das, was uns begegnet. Vielleicht hast du bereits gemerkt, dass es gar nicht so einfach ist, diese Haltung einzunehmen.

Unser Gehirn hat die evolutionsbedingte Tendenz, zunächst alles und jeden als potenzielle Gefahr einzustufen, um im Ernstfall sicher reagieren zu können. Dafür gleicht es aktuelle Wahrnehmungen blitzschnell mit bekannten Erfahrungen ab. Die Folge: Fälschlicherweise beurteilen wir Situationen und Menschen aus der Erinnerung, einer vorgefertigten Meinung oder aus einer Vorstellung heraus, und nicht situationsbezogen.

Doch es gibt einen Weg aus der automatischen Abgleichfalle: Je häufiger wir innehalten, desto mehr Möglichkeiten entstehen, den Menschen, dem Leben und auch uns selbst offen und unvoreingenommen zu begegnen. Die Achtsamkeit öffnet eine Tür zu einem wertfreien Raum, in dem wir etwas ganz Neues über andere und besonders über uns selbst erfahren können. In solchen Momenten entsteht Entwicklung, weil wir uns von Erfahrungen aus der Vergangenheit lösen können, die uns unbewusst beeinflussen und prägen. Da wir uns in einem permanenten Entwicklungsprozess befinden, ist es gut zu hinterfragen, ob unsere Vorstellungen und Meinungen noch dem entsprechen, was wir heute sind.

Übung: Bewertungen erkennen

Unternimm einen Ausflug in die Bewertungsmechanismen deines Gehirns. Nimm dir für diese Übung etwa eine Stunde Zeit und versuche wahrzunehmen, wie oft du Menschen, ihr Aussehen und Verhalten, bewertest.

Nun wird es etwas schwieriger: Überprüfe, wie oft du dich selbst im Laufe eines Tages bewertest.

Gehe nun noch einen Schritt weiter: Nimm wahr, ob es dir gelingt, Menschen, Umständen oder Situationen vollkommen erwartungslos, offen und neutral zu begegnen. Beobachte dein Verhalten in Diskussionen. Wie gut kannst du die Meinung eines anderen Menschen ohne Wertung stehen lassen? Versuche, deinen Gesprächspartner ausreden zu lassen, ohne seine dir widerstrebende Meinung als Angriff zu empfinden. Versuche stattdessen, wertfrei zuzuhören und den Menschen zu sehen – nicht nur seine oder ihre politische oder religiöse Ansicht.

Haltung Nr. 4: Erwartungen loslassen

Alles, was wir tun, tun wir, um dadurch etwas zu erreichen. Wir gehen ins Fitnessstudio, um unsere Kondition zu verbessern und eine durchtrainierte Figur zu bekommen. Wir sind freundlich zu anderen, um geliebt zu werden und um Anerkennung zu erhalten. Wir essen, um satt zu werden. Wir arbeiten, um unser Überleben zu sichern. Achtsamkeit möchte uns aber dazu inspirieren, die Dinge wieder um ihrer selbst willen zu tun und zu genießen.

Übung: Feste erwartungsfrei feiern

Der Familienkrach am Heiligen Abend ist ein Klassiker: Unsere Erwartungen und Wünsche an das Fest der Liebe sind oft so überzogen, dass die Realität dem nicht standhalten kann. Die familiären Konflikte haben schließlich keine Weihnachtsferien, sondern machen es sich im Kreise der Lieben so richtig gemütlich. Mach ein Experiment und versuche das nächste Mal am Heiligen Abend erwartungsfrei zu sein, weder negative noch positive Erwartungen zu pflegen. Versuche offen zu sein für das, was entstehen will.

Obiges gilt natürlich für alle Familienfeiern und auch Feste im Freundeskreis.

Haltung Nr. 5: Werte leben

Durch Achtsamkeit lernen wir auch die eigenen Werte besser kennen und erkennen, wenn wir über sie hinweggegangen sind. Sie ermöglicht uns, Grenzen zu setzen und eine Balance zwischen Tun und Sein herzustellen. Achtsamkeit lässt uns erkennen, wie wir unsere Werte in den Alltag integrieren können, um ein sinnvolleres Leben zu führen. Das bedeutet konkret, Möglichkeiten zu finden, Beruf, Freunde und Familie, Gesundheit und Spiritualität mit unseren Werten in Einklang zu bringen.

Übung: Drei Werte be-schreiben

Notiere unten drei Werte, die dir besonders wichtig sind, zum Beispiel: Ehrlichkeit, Authentizität, Treue, Ehrlichkeit oder Zuverlässigkeit. Versuche, sie mehr und mehr in dein Leben zu integrieren.

1. ....
2. ....
3. ....

Haltung Nr. 6: Dankbarkeit kultivieren

Vieles ist für uns selbstverständlich: eine Tasse Kaffee, ein frisches Müsli zum Frühstück, ein Bett, zwei Autos, drei Handys. Aber wie selbstverständlich ist das wirklich? Mach dir in drei Atemzügen in Achtsamkeit bewusst, dass du zu den zehn Prozent der Weltbevölkerung gehörst, denen es sehr gut geht.

Dankbarkeit möchte dich einladen innezuhalten und zu erkennen, wie schön es ist, dass du am Leben bist, was für ein Wunder es ist, dass du bewusst atmen kannst.

Ehre deinen wunderbaren Körper mit seinen
unglaublichen Sinnen und nimm gleich noch mal:

Komme in eine aufrechte und bequeme Sitzhaltung.
Nimm als Erstes deine Atmung wahr,
ohne sie zu verändern. Mit dieser Übung kannst du
deinem Körper danken.

DREI ATEMZÜGE IN DANKBARKEIT FÜR MEINEN KÖRPER

Einatmend danke ich meinem Körper mit einem Lächeln für alles, was er für mich tut. Ausatmend danke ich ihm mit einem Lächeln dafür, dass er es mir ermöglicht, dieses Buch zu lesen und die Übungen zu machen.

Einatmend danke ich meinem Körper mit einem Lächeln für alles, was er für mich tut. Ausatmend danke ich ihm mit einem Lächeln dafür, dass er es mir ermöglicht, dieses Buch zu lesen und die Übungen zu machen.

Einatmend danke ich meinem Körper mit einem Lächeln für alles, was er für mich tut. Ausatmend danke ich ihm mit einem Lächeln dafür, dass er es mir ermöglicht, dieses Buch zu lesen und die Übungen zu machen.

Wie ging es dir mit dieser Übung?
Wie fühlt es sich an, wenn du deinem Körper ein Lächeln schenkst und ihm dankst?
Wiederhole diese Übung regelmäßig und du wirst sehen, dass du eine neue und tiefere Beziehung zu deinem Körper aufzubauen beginnst.

2

ATEMZUG FÜR ATEMZUG

Bevor du beginnst,
Teil 2 dieses Buches zu lesen,
halte wieder inne für:

DREI ATEMZÜGE IN ACHTSAMKEIT

Einatmen.
Ausatmen.

Einatmen.
Ausatmen.

Einatmen.
Ausatmen.

Weiter geht's!

ATME EIN. ATME AUS.

Indem wir bewusst mit unserem Atem arbeiten,
erschaffen wir eine innere Umgebung,
die es dem Herzen und dem Geist erleichtert,
sich zu beruhigen und zu konzentrieren.

Anne Cushman

Wir atmen täglich ungefähr 22.000 Mal ein und aus. Die meisten Atemzüge machen wir unbewusst. Dabei ist der Atem die Basis unseres Daseins und die Grundlage eines achtsamen Lebens. Er ist die Verbindung zwischen Körper und Geist sowie zwischen Leben und Tod. Er ist dein Schlüssel zum Jetzt und dein Anker für die Gegenwart. Er ist das Zauberwort, mit dem du die Achtsamkeit herbeirufen kannst. Wir beginnen unser Leben mit einer tiefen Einatmung und beenden es mit einer letzten Ausatmung. Mithilfe deines Atems kannst du psychische Stabilität erlangen und den Herausforderungen des Lebens gelassener begegnen. Wenn du ihn richtig nutzt, erdet er dich, verankert dich im gegenwärtigen Moment, weckt deine Sinne und schenkt dir segensreiche Inspirationen.

Die Kunst des Atmens stärkt deine Fähigkeit der Sammlung, deine Fähigkeit, das Wesentliche vom Unwesentlichen zu unterscheiden, und die Möglichkeit, dein Leben mit allen Sinnen zu genießen. Allein drei Atemzüge in Achtsamkeit können Nähe entstehen lassen und Neugierde wecken. Sie können dir Selbstvertrauen und Zuversicht schenken und dir deutlich machen, dass du mit all deinen Fehlern und Eigenheiten so vom Leben gemeint bist, wie du bist.

Wenn du dem Atem zuhörst, wirst du erkennen, dass er dich ermutigen möchte, dir mit mehr Freundlichkeit und noch mehr Selbstmitgefühl zu begegnen. Das sind Qualitäten, die wir alle zutiefst benötigen. Sie helfen dir, den Blick wahlweise nach innen oder nach außen zu richten, die Welt und dich selbst zu umarmen. Darum wende dich immer wieder deinem Atem zu und schenke dir selbst eine kleine Pause für drei Atemzüge in Achtsamkeit.

Der Atem ist ein Geschenk des Lebens an dich. Er kann dein Herz öffnen und dich mit dem Leben verbinden. Wenn du dich mit dem Leben verbindest, spürst du automatisch, dass du nicht allein bist und es keine Trennung zwischen anderen Menschen und dir gibt. Dir Zeit zu nehmen für Atemzüge in Achtsamkeit bedeutet, dir Zeit zu nehmen für das Leben. Für DEIN Leben. Für DEINEN Körper. Für DICH.

Komm in eine aufrechte und bequeme
Sitz- oder Stehhaltung für:

DREI ATEMZÜGE IN ACHTSAMKEIT

Einatmen durch die Nase, den Rachen,
die Luftröhre bis in die Lunge.
Ausatmend den gleichen Weg zurück.

Einatmen durch die Nase, den Rachen,
die Luftröhre bis in die Lunge.
Ausatmend den gleichen Weg zurück.

Einatmen durch die Nase, den Rachen,
die Luftröhre bis in die Lunge.
Ausatmend den gleichen Weg zurück.

Wie fühlen sich diese drei Atemzüge in Achtsamkeit an, jetzt da du den Weg des Atems kennst?

Drei Atemzüge in Achtsamkeit – mehr als nur Luft holen

Die meisten Menschen atmen durch die Nase. Hierbei dauert es zwar länger, bis der Sauerstoff die Lunge erreicht, aber dafür ist dieser Weg der gesündere. Die Luft wird beim Einatmen durch die Nasenschleimhäute gereinigt, erwärmt und befeuchtet. Grobe Schmutzpartikel werden durch die Flimmerhärchen, die auf der Nasenschleimhaut liegen, gefiltert und gelangen so nicht in den Körper.

Die Nasenatmung bewirkt übrigens auch, dass Gerüche sofort zum Gehirn und zum zentralen Nervensystem geleitet werden und wir unmittelbar auf sie reagieren können. Apropos Gerüche: Sie prägen unsere Vorlieben und Abneigungen auf sehr differenzierte Weise, da wir bis zu 10.000 Duftstoffe voneinander unterscheiden und in unserem Gedächtnis speichern können. Der Grund liegt in der Evolution: Für unsere Vorfahren war es überlebenswichtig, Verdorbenes und Giftiges von Essbarem zu unterscheiden und Gefahren wie Feuer zu riechen.

Wir haben nicht nur einen feinen Riecher dafür, was uns bekommt oder uns möglicherweise umbringen könnte, der Geruchssinn ist zudem sehr eng mit unserem Gefühlsleben verknüpft. Das kennst du sicher: Duftstoffe und Aromen sind mit Stimmungen und Situationen gekoppelt. Es reichen bereits einige winzige Duftmoleküle, die durch die Einatmung auf die Riechschleimhaut im oberen Bereich der Nasenhöhle gelangen und zum Gehirn eilen, um eine Kaskade an Erinnerungen und Gefühlen auszulösen. Der Duft einer frischen Rose, einer deftigen Pizza oder von nach Schweiß riechenden Schuhen verbindet sich dann in Sekundenschnelle mit einer Erinnerung, die im Gehirn bereits vor vielen Jahren, manchmal sogar Jahrzehnten abgelegt wurde.

So ist es nicht verwunderlich, dass wir beim Duft von Zimt sofort an Weihnachten denken und vielleicht sogar ein Bild aus unserer Kindheit vor Augen haben. Das bedeutet aber auch, dass alle heutigen »Zimterfahrungen« von früheren Erlebnissen überlagert werden. An dieser Stelle kommt die Achtsamkeit wieder ins Spiel: Wir können versuchen, ganz offen und nicht wertend an einen Duft heranzugehen und uns für eine neue Erfahrung zu öffnen, die sich in diesem Duft offenbart.

Im Gegensatz zu den Geschmacksvarianten, die in süß, sauer, salzig, bitter und würzig unterschieden werden, können wir Gerüche nicht so klar voneinander abgrenzen. So riechen Moleküle, die einen ähnlichen Aufbau haben, nicht unbedingt gleich. Gerüche werden zu sogenannten Duftklassen oder Primärgerüchen zusammengefasst: stechend (Essig), faulig (verdorbene Eier), moschusartig (Patchouli), kampferartig (Eukalyptus oder Mottenkugeln), mentholartig (Pfefferminze), blumig (Rose) und ätherisch (Fleckenwasser). Mit dem komplizierten Geruchssinn beschäftigt sich übrigens ein eigener Wissenschaftszweig: die Osmologie.

Was Feines für die Nase

Bist du dir der umfassenden Wirkung von Düften bewusst? Nutzt du die Kraft der Düfte, um zu mehr Ruhe zu gelangen? Wie oft hältst du inne, um zum Beispiel an einer schönen Rose zu riechen, den Duft des Sommers einzuatmen oder den Geruch eines köstlichen Gerichtes zu genießen, bevor es deinen Gaumen erfreut? Wie umfassend nutzt du die unterstützende Wirkung von Düften?

Ätherische Öle können uns ungemein darin unterstützen, gelassener und entspannter zu werden und unser Wohlbefinden zu steigern. Das Wort »ätherisch« leitet sich vom griechischen »aither« (Himmelsluft) ab und weist auf die Charakteristika der Öle hin. Sie sind flüchtig, verdunsten also schnell und steigen bildlich himmelwärts auf.

Reine Duftöle wirken direkt auf unser Nervensystem und harmonisieren es, sodass Körper, Seele und Geist in einen ausgeglichenen Zustand kommen können. Ätherische Öle, die eine sehr entspannende, harmonisierende oder beruhigende Wirkung haben, unterstützen das emotional-geistige Wachstum.

Die verschiedenen Duftnoten der ätherischen Öle laden dich ein, dich wohlzufühlen, die Seele baumeln zu lassen und Inspiration zu tanken. Schnuppere dich in einem entsprechenden Laden einfach mal durch die Öle und geh bei der Auswahl buchstäblich deiner Nase nach.

GUTES ANNEHMEN

Je mehr Sie sich zentrieren,
dort unstörbar bleiben
und sich dem Fließen der Einatmung hingeben können,
desto befreiender spüren Sie,
wie sich eine zarte, weitende Bewegung
durch alle Gewebe
hindurch fortsetzt bis in die Haut,
bis in die Poren hinein.

BIRGIT PETRICK

Nimm dir immer wieder Zeit für drei Atemzüge in Achtsamkeit, weil du deinem Körper damit viel Gutes tun kannst:

Dein Körper wird mit ausreichend Sauerstoff versorgt. Dadurch verbessert sich der Stoffwechsel. Stoffwechselreste, insbesondere das Abfallprodukt der Atmung, Kohlendioxid, sowie andere Schadstoffe werden vermehrt ausgeschieden.

Durch die Sauerstoffzufuhr werden das Herz-Kreislauf-System reguliert, das Nervensystem beruhigt und die Vitalität verbessert.

Deine Körperhaltung verbessert sich nachhaltig, weil der Hauptatemmuskel, das Zwerchfell, mit der Wirbelsäule verbunden ist. Durch falsche Atemmuster, die wir uns im Laufe unseres Lebens angewöhnen, verhärtet sich die Wirbelsäule.

Durch tiefe, bewusste Atmung richtet sie sich hingegen wieder auf. Eine äußere Aufrichtung deiner Wirbelsäule unterstützt auch deine innere Aufrichtung.

Deine Bauchorgane werden durch eine bewusste Atmung massiert, was zu einer besseren Durchblutung führt und Vorgänge in diesen unterstützt.

Durch bewusste Atemzüge werden dein Wille lenkbarer und deine Konzentration gefördert.

Stärke entwickeln

Vielleicht fragst du dich, ob drei Atemzüge in Achtsamkeit wirklich so viel bewirken können, wie ich es hier beschreibe. Ja, das können sie. Sie tun nicht nur deinem Körper gut, sondern auch deinem ganzen Sein. Zahlreiche Studien haben eindeutig bewiesen, dass durch Achtsamkeitsübungen der Präfrontalkortex im Gehirn gestärkt wird. Das ist jener Teil des Gehirns, der es dir ermöglicht, dich mit Distanz zu betrachten und die Rolle des inneren Beobachters einzunehmen. So kannst du dir »Stopp!« zurufen, wenn du versuchst, das Leben einzufangen, der Zeit hinterherzulaufen oder mehr zu erledigen, als möglich ist.

Der Präfrontalkortex sorgt dafür, dass du nicht auf jeden beliebigen Reiz reagierst, sondern die Fähigkeit entwickelst, zwischen Reiz und Reaktion eine Lücke entstehen zu lassen.

Diese Lücke gibt dir die Möglichkeit, tief durchzuatmen, bevor du handelst oder auch nicht handelst. Du erkennst, ob es sinnvoll ist und der Situation entspricht. In solchen Momenten entsteht eine unendlich große Freiheit. Diese Autonomie hast du dann gewonnen, wenn du nicht mehr auf jede Stichelei deines Kollegen einsteigst oder nicht beleidigt bist, wenn deine Schwiegermutter einen übergriffigen Kommentar abgibt. Allerdings braucht diese Gelassenheit Übung, dies kann ich sowohl aus eigener Erfahrung als auch aus den Erfahrungen meiner Kursteilnehmer bestätigen: Wer viel übt, wird viel profitieren. Wer wenig übt, wird wenig profitieren.

Rufe dir immer wieder das Bild eines Ackers oder Gartens ins Gedächtnis: Damit ein Acker Früchte trägt, braucht er Aufmerksamkeit und Pflege. Damit Blumen im Garten blühen, brauchen sie Zuwendung und Aufmerksamkeit. Gehst du lieber ins Fitnessstudio oder spielst Fußball, so mach dir bewusst, dass auch ein Muskel ein bestimmtes Training braucht, bis er wirklich stark ist. Ein guter Fußballspieler trainiert täglich und gezielt, um gut zu werden und zu bleiben.

Das Trügerische bei der Achtsamkeitspraxis ist, dass alles so einfach aussieht: »einfach« nur dasitzen und die Augen schließen, »einfach« nur eine Tasse Tee trinken. Aber diese Einfachheit scheint für uns alle, die wir in einer Gesellschaft leben, die so gezielt auf Ablenkung setzt, eine der größten Herausforderungen zu sein. Deshalb übe am besten gleich weiter.

Übung: Den Atemraum weiten

Bei der folgenden Meditation kannst du ätherische Öle zur Unterstützung verwenden. Diese kleine Meditation hilft dir, Klarheit zu erlangen und entspannter zu werden. Diese Übung weitet den Atemraum und öffnet gleichzeitig deinen Geist. Hierzu eignen sich besonders Öle wie Weihrauch, Myrrhe, Narde, Benzoe oder Elemi. Träufle vor der Übung einige Tropfen des Öls in eine Duftlampe.

Nimm eine bequeme Sitzhaltung ein und konzentriere dich auf das Ein- und Ausströmen deines Atems, ohne ihn zu beeinflussen. Versuche, mit deiner Aufmerksamkeit beim Atem zu bleiben. Um dich ganz auf den Atem konzentrieren zu können, sage dir still bei jedem Einatmen: »Ich atme Klarheit ein.« Sollte das ätherische Öl, das du für diese Meditation verwendest, für Entspannung, Ruhe oder Freude stehen, dann verändere diesen Satz entsprechend in: »Ich atme Entspannung ein.« Beim Ausatmen stellst du dir vor, wie alte Schlacken und negative Gedanken deinen Körper verlassen. Sprich still den Satz: »Ich atme alte Schlacken aus.«

Du kannst diese Meditation auch verändern und dir vorstellen, dass du Neues einatmest. Beim Ausatmen sagst du dir still: »Ich lasse Altes los« oder: »Ich lasse negative Gedanken los«. Durch die Verlagerung der Aufmerksamkeit auf die Affirmation vertiefen sich Konzentration und Entspannung. Solltest du dich zwischendurch in deinen

Gedanken verlieren, fang wieder von vorne an. Es ist vollkommen normal, dass die Gedanken auf Wanderschaft gehen. Lass dich davon nicht entmutigen, sondern versuche, mit viel Freude und kindlicher Neugierde bei der Übung zu bleiben. Die Dauer dieser Meditation kannst du selbst bestimmen. Und denk an meinen Tipp in der Einleitung: Du kannst die Anleitung auf dein Smartphone aufnehmen.

Übung: Drei Atemzüge für die tiefen Ebenen deines Körpers

Komme in eine aufrechte und bequeme Sitzhaltung. Nimm deine Atmung wahr, ohne sie zu verändern. Gehe mit deiner Aufmerksamkeit zu deinem Gehirn und schenke ihm drei Atemzüge in Achtsamkeit. Gehe weiter zu deinen Augen und schenke ihnen drei Atemzüge in Achtsamkeit. Gehe zu deinen Ohren, deiner Nase, deinem Mund und nimm drei Atemzüge in Achtsamkeit. Gehe mit jeweils drei Atemzügen in Achtsamkeit zu Luftröhre, Speiseröhre, Lunge, Herz-Kreislauf-System, Magen, Milz, Leber, Nieren, Darm, Geschlechtsorganen, Unterleib, Muskeln, Faszien und Knochen. Nimm abschließend deinen Körper in seiner Gesamtheit wahr und schenke ihm noch einmal drei Atemzüge in Achtsamkeit.

Wie ging es dir mit dieser Übung?
Wann warst du dir das letzte Mal deines Gehirns, Darms oder deiner Milz bewusst?

DER HEILER NATUR

Halte kurz inne, bevor du Teil 3 dieses Buches liest, und nimm dir wieder Zeit für:

DREI ATEMZÜGE IN ACHTSAMKEIT

Einatmen.
Ausatmen.

Einatmen.
Ausatmen.

Einatmen.
Ausatmen.

Wunderbar!

ACHTSAMKEIT IM GRÜNEN

Natur ist kein Ort, der besucht wird.
Natur ist Heimat.

Gary Snyder

Ob du in einem Großraumbüro arbeitest oder allein im stillen Kämmerlein sitzt, ob du Single bist oder in einer Familie mit drei Kindern lebst, DU kannst dich jeden Moment für Entspannung entscheiden, dafür, für drei Atemzüge in Achtsamkeit innezuhalten. Bereits ein paar Minuten am Tag in Stille schonen dein Nervensystem und schenken ihm Kraft, den Herausforderungen des Alltags souveräner zu begegnen. Die folgenden Übungen erfordern zwar etwas mehr als drei Atemzüge, sie sind aber sehr wirksam und werden dir Ruhe und Vertrauen in den Moment schenken.

Wie wär's, wenn du dir diese kleinen Pausen bewusst draußen in der Natur gönnst? Erinnerst du dich noch: Der rauschende Bach erzählt dir eine Geschichte, Schneeflocken tanzen in der Luft und verzaubern dich, wärmende Sonnenstrahlen berühren dein Gesicht und lassen dich den Stress vergessen. Der Uhu ruft durch den Wald, die blühenden Bäume verraten dir ihr Geheimnis und erreichen dein Herz. Berggipfel berühren dein innerstes Wesen und machen dir bewusst, dass du nicht allein bist. Ist es nicht herrlich, immer wieder mit dem in Kontakt zu kommen, was wirklich wichtig ist?

Kraft tanken in der Natur

Für Naturvölker war und ist es selbstverständlich, sich in die Natur zurückzuziehen, am besten allein. Allein mit dir selbst kommst du am schnellsten mit der heilenden Kraft der Natur, ihren Geistern und Wesenheiten, in Kontakt. Vielen Menschen aus den Industrieländern und besonders solchen, die sich häufig in den virtuellen Welten des Internets aufhalten, ist die Verbindung zur Natur abhandengekommen. Es liegt nur an dir, ob du wieder eine Beziehung zur Natur entwickelst. Sei offen, sei in ihr, mit ihr und atme mit ihr. Höre ihr zu und lass dich nähren von den Kräften der Natur.

Suche dir einen Park, einen Wald, einen See, einen Berg, einen Strand, eine Wüste, eine Wiese, ein Stück Natur, in dem du dich so richtig wohlfühlst. Höre den Wind, wie er durch die Blätter rauscht, fühle den Boden unter deinen Füßen, rieche das Heu, die Blumen oder schmecke das Salz des Meeres in der Luft. Mach drei Atemzüge in Achtsamkeit und genieße die Verbindung zu den Elementen.

Kostenlose Medizin für dein ganzes Sein

Es gibt genügend wissenschaftliche Belege für die heilsame Wirkung der Natur. Ein Aufenthalt in einem Wald, an einem See oder auf einem Berg ist für unseren Körper-Seele-Geist-Organismus das Beste, das wir ihm geben können. Ein paar Stunden an und in einem See, in den

Bergen oder in einem Wald sorgen dafür, dass du zu deiner Mitte zurückfindest. Ein Aufenthalt in der Natur ist so gesund für uns, dass die lange Liste der heilsamen Wirkungen unter dem Begriff »Biophilia-Effekt« (siehe Literaturliste) zusammengefasst wird; Biophilia heißt übersetzt: die Liebe zu allem Lebendigen.

Der Biophilia-Effekt reduziert die Produktion von Stresshormonen, senkt den Blutdruck, erhöht die Sauerstoffzufuhr und verbessert die Elastizität der Arterien. Besonders ein längerer Aufenthalt in einem Wald ist förderlich für die Gesundheit. Die frische Waldluft ist mit Sauerstoff und ätherischen Duftstoffen gesättigt und enthält, verglichen mit Stadtluft, nur ein bis zehn Prozent der Feinstaubkonzentration, die heute in den meisten Städten vorhanden ist. Aber auch die Bäume tun uns gut, weil sie Leben und Schutz symbolisieren: Ihre Krone schützt uns vor der Sonne, ihre Früchte nähren uns, ihre luftige Höhe bot uns jahrtausendelang Schutz vor Angriffen. Kein Wunder also, dass unser Nervensystem mit Entspannung auf Bäume reagiert.

Mit einem Aufenthalt in der Natur verhält es sich genauso wie mit der Praxis der ganzen Übungen hier in diesem Buch: Je häufiger du draußen im Wald, am See oder auf dem Berg bist, desto mehr Ruhe schenkst du dir auf allen Ebenen. Fang auch hier klein an. Große Ziele sind wunderbar, aber oft sind sie einfach zu hoch gesteckt. Peile lieber jeden Tag eine Miniveränderung an. Regelmäßig ausgeführte, kleine Spaziergänge im Park um die Ecke oder kurze Atemübungen im eigenen Garten haben eine nachhaltigere Wirkung als ein großer Wanderurlaub im Jahr.

Noch ein paar Argumente für einen ausgedehnten Aufenthalt in der Natur (solltest du noch welche brauchen): Gehst du barfuß, werden deine Fußsohlen und damit die Reflexzonen massiert, was wiederum die inneren Organe, die Wirbelsäule und die Muskulatur anregt und durchblutet. Dein Körper wird mit frischem Sauerstoff verwöhnt, die Lungenkapazität erhöht sich. Stress wird reduziert und die Entspannung gefördert. Das vegetative Nervensystem wird gestärkt und die Verdauung verbessert sich. Die Sinne erwachen, der Geist beruhigt sich. Überzeugt?

Dann schiebe das Rendezvous mit der Natur nicht auf die lange Bank. Aufschieben erzeugt unterschwellig Anspannung, die deinem Wohlbefinden und deiner Kreativität sehr zusetzen kann. Nimm dir täglich Zeit für einen Spaziergang im Wald oder in einem Park und öffne alle Sinne für die umfassende und wohltuende Schönheit, die nur darauf wartet, dich zu berühren. Einen alten Baum zu umarmen, dem Gesang eines Vogels zu lauschen, den Duft der Blumen einzuatmen, das alles braucht nicht viel Zeit.

Begib dich in deinen Garten,
in den Park um die Ecke oder zum See
vor den Toren deiner Stadt,
um diese erste Übung mit der Natur zu machen:

DREI ATEMZÜGE IN ACHTSAMKEIT IN DER NATUR

Ziehe nach Möglichkeit deine Schuhe aus
und verbinde dich über die Füße mit der Erde.

Einatmend verbindest du dich mit der Kraft der Erde
und nimmst ihre Ruhe in dir auf.
Ausatmend gibst du deine Ruhelosigkeit an die Erde ab.

Einatmend verbindest du dich mit der Kraft der Erde
und nimmst ihre Ruhe in dir auf.
Ausatmend gibst du deine Ruhelosigkeit an die Erde ab.

Einatmend verbindest du dich mit der Kraft der Erde
und nimmst ihre Ruhe in dir auf.
Ausatmend gibst du deine Ruhelosigkeit an die Erde ab.

Konntest du die nährende Kraft der Erde spüren? Wie wäre es, wenn du die Übung gleich noch einmal machst?

LASS DICH EIN

Lebe und arbeite,
aber vergiss nicht zu spielen,
dich im Leben zu amüsieren
und es wirklich zu genießen.

EILEEN CADDY

Ein Spaziergang im Wald, eine Meditation an einem See, eine Brotzeit auf einem Berggipfel sind ein Garant für Entspannung und inneren Frieden. Alles, was du tun musst, ist, die Zeit dort mit allen Sinnen zu genießen. Steig immer wieder aus dem Alltag aus – und sei es nur für ein paar Stunden.

Fünf Tipps für deine Erkundung der Natur

Es gibt unendlich viele Möglichkeiten, achtsam mit der Natur in Kontakt zu sein, sie zu erleben und sich dafür zu öffnen, was für ein Wunder sie mit all den Wesen ist, die in ihr leben. Im Folgenden findest du einige Tipps für deine Erkundungsreise in die Natur.

Tipp 1: Lass dein Handy zu Hause

Diese Empfehlung ist vielleicht die größte Herausforderung, ist aber unabdingbar für Erholung auf allen Ebenen. Wenn du es nicht über dich bringst, ohne dein Handy zu sein, schalte es zumindest so lange aus, wie du in der Natur bist und die Übungen machst. Sei ganz gegenwärtig und genieße die Schönheit, die sich dir dabei offenbart. Verzichte darauf, zu fotografieren oder Selfies von dir zu machen. Nimm die Landschaft lieber in dein Herz und bewahre sie dort auf.

Tipp 2: Beziehe alle Sinne mit ein

Öffne dich mit jeder Zelle deines Körpers für den Moment und nimm die Natur mit allen Sinnen wahr. Sei ganz da. Mach drei Atemzüge in Achtsamkeit und stell dir vor, dass du diese Schönheit, die Fülle und die anmutige Erscheinung des Baums, Strauchs oder der Blume mit jedem Atemzug vollkommen in dich aufsaugst. Versuche, dich auf einen Sinn zu konzentrieren und mit der Aufmerksamkeit eine Zeit lang bei dieser Erfahrung zu bleiben. Konzentriere dich zum Beispiel auf Gerüche. Wie viele verschiedene Gerüche nimmst du im Verlauf deines Spaziergangs oder deiner Wanderung wahr? Oder: Wie fühlt sich die Erde an, wie der Baum, wie das Moos? Wie viele Vögel kennst du und kannst sie anhand ihres Gesanges unterscheiden? Wie viele verschiedene Tierspuren siehst du, wenn du deine Aufmerksamkeit darauf richtest? Wie viele unterschiedliche Grüntöne begegnen dir auf deiner Wanderung zum Berggipfel? Wie viele Blautöne kannst du ausmachen, wenn du am Meer stehst und auf Wasser und Himmel blickst?

Tipp 3: Suche dir Kraftorte

Suche gezielt nach Orten in der Natur, die dir ein Gefühl von Sicherheit vermitteln. Du solltest dich dort wohlfühlen und das Gefühl haben, die gute Energie dieses Ortes auftanken zu können. Verweile an einem Fluss oder auf einer Wiese.

Tipp 4: Tu nichts. Sei einfach.

Wenn du einen Platz in der Natur gefunden hast, an dem du dich sicher und wohlfühlst, versuche, dort zumindest für drei Atemzüge in Achtsamkeit, für ein paar Minuten oder am besten für ein paar Stunden nichts zu tun. Sei nur da. Lausche dem Fluss, betrachte die Berge, lehne dich an einen Baum. Einfach sein. Einfach. Sein.

Tipp 5: Erzwinge nichts

Erfahre die Natur absichtslos, ohne besonders tiefe Erfahrungen machen zu müssen. Sei so offen wie möglich, aber verbiege dich nicht. Wenn du bemerkst, dass deine Gedanken schon wieder ganz woanders sind oder die Unruhe dich peitschen möchte, schnell wieder an Handy, Laptop oder Arbeit zu gelangen, dann ist das schon genau der richtige Schritt! Hole dich mit drei Atemzügen in Achtsamkeit zu dir zurück und genieße den Ort, an dem du gerade bist.

Übung: Die Basis stärken

Suche dir einen Platz in der Natur und ziehe, wenn Wetter und Untergrund es erlauben, die Schuhe aus. Komme in eine aufrechte Position und konzentriere dich auf die Füße.

Keine Sorge, wenn du wie die meisten von uns die Zehen nicht einzeln bewegen kannst. Der Weg ist das Ziel, und mit etwas Übung wirst du mehr Kontrolle über die kleinen Muskeln gewinnen.

Hebe einatmend alle zehn Zehen und senke ausatmend vom kleinen Zeh angefangen alle zehn Zehen wieder zum Boden. Mit dem nächsten Einatmen hebe wieder die Zehen und senke ausatmend zuerst den großen Zeh und dann einen nach dem anderen die restlichen Zehen. Als Nächstes hebst du einatmend nur den großen Zeh, ausatmend senken. Einatmend den großen Zeh am Boden halten, die anderen vier Zehen heben. Ausatmend wieder einen Zeh nach dem anderen senken.

Konzentriere dich auf die Außenkanten deiner Füße und laufe auf ihnen fünf bis zehn Schritte vorwärts und ebenso rückwärts. Versuche, mit deiner ganzen Aufmerksamkeit auf den Fußaußenkanten zu sein, und gehe, ohne zu bewerten. Dann geh auf der Innenseite der Füße fünf bis zehn Schritte vorwärts und wieder rückwärts. Nimm den Unterschied zwischen den Geh-Arten wahr.

Richte die Aufmerksamkeit auf beide Füße und versuche, das Gewicht auf den Großzehenballen und Fersenballen zu verteilen. Diese Haltung gibt dir einen stabilen Stand. Verweile ein paar Atemzüge so und genieße die Ruhe.

Übung: Himmel und Erde verbinden

Suche dir wieder einen Ort, an dem du dich wohlfühlst. Vielleicht gibt es einen Baum, bei dem du diese Übung machen möchtest. Wenn es geht, ziehe die Schuhe aus und komme dann in einen aufrechten Stand. Die Füße stehen hüftbreit entfernt, das Gewicht des Körpers ist auf beide Füße gleichmäßig verteilt. Das Becken ist aufgerichtet, die Schultern sind entspannt, der Unterkiefer ist locker.

Einatmend hebst du über vorne die Arme nach oben Richtung Himmel. Strecke dich am Ende der Einatmung noch einmal aus der Taille heraus hoch, als wolltest du nach den Sternen, dem Blau des Himmels oder den Wolken greifen. Verwurzle dich mit den Füßen im Boden und verbinde dich über die Arme mit dem Himmel – wie ein Baum. Ausatmend bringst du die Arme über vorne wieder zurück in die Ausgangsposition. Warte, bis der Impuls zur nächsten Einatmung entsteht, und wiederhole die Übung einige Male. Achte darauf, dass deine Schultern entspannt bleiben und du sie nicht in Richtung Ohren ziehst. Warte am Ende der Einatmung ab, bis der Impuls zur Ausatmung kommt. Lass dir Zeit und genieße dieses Gefühl der Verbundenheit mit Himmel und Erde.

Übung: Schritt für Schritt gehen

Suche dir ein kleines Stück Weg auf einer Wiese oder in einem Wald, wo du ungestört bist und deine Aufmerksamkeit auf das Gehen richten kannst. Ziehe möglichst deine Schuhe aus, um bewusster und unmittelbarer mit der Erde in Kontakt zu sein.

Komme in eine aufrechte Haltung, richte dich hierfür noch einmal von innen in Würde auf. Die Füße stehen parallel nebeneinander, die Hände kannst du auf deinem Bauch übereinanderlegen oder entspannt hängen lassen. Mit der Einatmung hebst du den rechten Fuß, mit der Ausatmung setzt du ihn etwas weiter vorn auf den Boden. Nimm wahr, wie deine Füße am Boden stehen und sich dein Körpergewicht auf ihnen gleichmäßig verteilt. Einatmend hebst du den anderen Fuß und ausatmend senkst du ihn wieder. Gehe so ein paar Minuten, bis du dich etwas entspannt hast oder bis sich deine Ruhelosigkeit über das Gehen bestenfalls sogar ganz verflüchtigt hat.

Übung: Das Schilfrohr im Wind

Diese Übung ist etwas komplexer, kann dich aber über sanfte Bewegung besonders tief greifend zur Ruhe kommen lassen. Suche dir als Erstes wieder einen Platz, an dem du eine gute Energie spürst und dich gleichzeitig wohl und sicher fühlst. Idealerweise steht ein Baum hinter dir, der dir ein Gefühl von Sicherheit vermittelt. Komme in einen aufrechten Stand.

Einatmend bringst du die Arme über die Seite nach oben, die Handrücken berühren einander. Ausatmend bringst du die Arme über vorne zum Boden und dehnst dich dabei aus dem unteren Rücken. Beuge die Knie leicht, um den unteren Rücken zu schonen.

Einatmend führst du die Handinnenflächen zusammen und richtest dich ganz langsam, Wirbel für Wirbel auf und bringst die Arme Richtung Himmel. Die Aufrichtung geschieht aus der Taille heraus. Die Handinnenflächen berühren sich weiter, während du dich ausatmend über die Seite nach rechts dehnst.

Einatmend kommst du zur Mitte zurück. Ausatmend dehnst du dich über die Seite nach links, wie ein Schilfrohr, das sich im Wind wiegt.

Einatmend kommst du zur Mitte zurück. Ausatmend kommst du in den Winkel: Die Oberarme befinden sich parallel zum Boden, die Unterarme sind angewinkelt, die Handinnenflächen betrachten einander. Drehe dich zur rechten Seite.

Einatmend kommst du zur Mitte zurück. Ausatmend drehe dich nach links.

Einatmend kommst du zur Mitte zurück. Ausatmend kommst du in die Tischhaltung: Der Oberkörper befindet sich parallel zum Boden, die Knie sind leicht gebeugt.

Einatmend hebst du die Fingerspitzen und den Kopf. Ausatmend bringst du die Hände zum Boden. Der Kopf entspannt sich Richtung Knie.

Einatmend hebst du den rechten Arm Richtung Himmel. Der Blick folgt der Bewegung. Ausatmend kommt der rechte Arm zurück zum Boden.

Einatmend hebst du den linken Arm Richtung Himmel. Der Blick folgt der Bewegung. Ausatmend kommt der linke Arm zurück zum Boden.

Richte dich einatmend wieder auf, während du die Arme über die Seite über dem Kopf wieder zusammenbringst. Ausatmend führst du die Hände vor dem Herzen zusammen und verneigst dich.

Führe die Übung anschließend zur linken Seite aus. Beginne mit der linken Seite, während du dich ausatmend über die Seite nach links dehnst.

Übung: Dem Körper Ruhe schenken

Dem Körper einen Moment Ruhe zu schenken lässt sich in jeden Spaziergang integrieren. Fang gleich damit an. Halte im Verlauf eines Spaziergangs oder einer Wanderung immer wieder inne und achte darauf, wo du im Körper Ruhe wahrnehmen kannst. In den Beinen? Im Bauch? Im Ohrläppchen?

Weite diese Übung aus. Wo kannst du deinen Augen einen Moment Ruhe schenken, indem du sie für drei Atemzüge in Achtsamkeit schließt, während du auf einer Bank, am See, auf der Wiese oder am Gipfelkreuz sitzt. Du wirst erstaunt sein, wie viele Augenblicke der tiefen und insbesondere nachhaltigen Ruhe du dir in der Natur schenken kannst.

KÖRPER UND KOPF VERBINDEN

Nimm dir ein paar Augenblicke Zeit und überlege dir, ob du das, was du aus dem Naturteil mitgenommen hast, auch schon in dein Leben integriert hast. Wenn du es noch nicht wirklich verinnerlicht hast, wiederhole Übungen aus dem letzten Teil, bevor du noch einmal innehältst für:

DREI ATEMZÜGE IN ACHTSAMKEIT

Einatmen.
Ausatmen.

Einatmen.
Ausatmen.

Einatmen.
Ausatmen.

ABSTAND FINDEN, RUHE ENTWICKELN

Wenn du einsam bist oder in Dunkelheit,
wünschte ich,
dir das erstaunliche Licht
deines eigenen Seins zeigen zu können!

HAFIZ

Konntest du dich durch die Übungen in diesem Buch bewusster wahrnehmen? Ist es dir gelungen, dich in deinem eigenen Körper immer wieder zu Hause zu fühlen oder dich vielleicht sogar als Teil von etwas Größerem zu erleben? Hast du durch die Konzentration auf deine Atmung bemerkt, wie unruhig dein Geist ist?

War es dir möglich wahrzunehmen, dass du dich vielleicht verurteilst, weil du nicht rund um die Uhr achtsam bist, und dich innerlich antreibst, »besser« zu werden?

Hier kommt die gute Nachricht: Du kannst dich darüber freuen, dass du überhaupt bemerkt hast, dass du dich verurteilst. Durch das bewusste Innehalten wirst du vielleicht zum ersten Mal destruktive Denkgewohnheiten erkennen, die du früher gar nicht bemerkt hast.

Die Macht der Gedanken

Buddha sagte, dass wir sind, was wir denken, und dass alles mit unseren Gedanken entsteht – eben auch unsere eigene Welt. Darum sei dir bewusst, wie deine Gedanken deine innere Unruhe anheizen, wie deine inneren Glaubenssätze dir das Leben schwermachen – Sätze wie: »Das schaffe ich nie« oder: »Na ja, das war gut, aber es ist selbstverständlich, dass es gut ist« oder: »Alle anderen sind besser als ich«. Oder auch: »Frau X ist schöner. Herr Y ist beliebter. Frau Z ist erfolgreicher. Und ich bin eine Null.«

In unserer Leistungsgesellschaft trennt der Fokus auf Macht, Habgier, Konkurrenz, Ehrgeiz und Perfektion die Menschen. Es bedarf sehr viel Achtsamkeit, den verletzenden Botschaften der inneren Stimme etwas entgegenzusetzen. Diese Stimmen sind daran interessiert, dich klein zu machen. Besonders gerne melden sie sich in Zeiten, in denen du dir sowieso fremd bist, dich vom Leben abgeschnitten oder dich allein und verlassen fühlst. Dann bist du eine besonders leichte Beute für den inneren Antreiber und Kritiker.

Hier ist die Achtsamkeit ein wunderbares Werkzeug, denn sie lässt dich erkennen, wann du dir erzählst, wie ungenügend du bist. Solche Gedanken, die oft nichts mit der Realität zu tun haben, entstehen wie aus dem Nichts, ungefragt, und werden erst dann verstummen, wenn du sie nicht mehr fütterst. Allerdings kannst nur DU ihnen Einhalt gebieten, nur DU kannst die Stopptaste im eigenen Kopf drücken.

Und nur DU kannst aufhören, den Gedanken, die in deinem Kopf entstehen, weiterhin zu glauben. Klares Denken wird ungeahnte Energien in dir freisetzen. Du kannst es lernen – und solltest es auch: Das Leben ist schon schwierig genug, und du kannst in dir selbst einen Ort finden, an dem Frieden herrscht und du ein Gefühl von Geborgenheit erfährst.

Drei Atemzüge in Achtsamkeit können die Funktion eines Ankers haben oder wie eine Notbremse wirken, wenn deine Gedanken dich auf die Achterbahn mitnehmen und du vor lauter Grübelei nicht mehr weißt, wo oben oder unten ist. Sie können den Autopiloten deiner destruktiven Verhaltensmuster stoppen und dafür sorgen, dass du selbst bestimmst, was du über dich denkst. Wenn du innehältst, um die Muster zu erkennen, die hinter diesen selbstzerstörerischen Gedanken liegen, bist du schon einen riesigen Schritt weiter in Richtung innere Ruhe und Gelassenheit.

Halte inne für dein Leben!

Übe dich darin, dir Zeit zu schenken. So kommst du zur Ruhe, und die Pausen zwischen den Gedanken und deiner inneren Reaktion werden größer. Solche Pausen helfen dir zu erkennen, dass du viel mehr Macht über dein eigenes Leben hast, als dir bislang bewusst war. Aber nicht nur das: Du wirst auch erfahren, dass du selbst es bist, der sich Stress macht. Erwiesenermaßen gibt es keine äußeren Stressoren,

Stress besteht immer aus unseren individuellen Reaktionen auf äußere Gegebenheiten.

Wenn wir also in erster Linie negativ über uns selbst oder andere Menschen denken und Angst vor Autoritäten haben, werden wir viel ängstlicher und verunsicherter auf das Leben reagieren und mehr Stress erleben. Wenn wir an uns selbst glauben, andere Menschen wertschätzen und achten und auf das Leben vertrauen, entspannen wir. Lassen wir uns maßgeblich von ängstlichen Gedanken leiten, werden wir ein Gefühl der inneren Ruhelosigkeit erfahren und nie wirklich vertrauen. Da unser ganzes Sein so sehr von unseren Gedanken bestimmt wird, ist es wichtig zu erkennen, dass wir viel enger mit ihnen verbunden sind, als uns lieb ist.

Fühle mehr, als zu viel zu denken; übe dich im Genießen, anstatt über die Maßen fleißig zu sein oder perfekt werden zu wollen. Sei offen für das Schöne und Gute in dir! Der 14. Dalai Lama hat einmal gesagt, dass wir uns nicht gleichzeitig auf Angst und auf Freude konzentrieren können.

Wenn du bemerkst, dass du dich wieder in Selbstkritik
und negativen Gedanken verlierst,
lenke deine Aufmerksamkeit um und
fokussiere dich auf Gutes, Schönes, Positives
und Sinnstiftendes in dir. Und nimm:

DREI ATEMZÜGE IN ACHTSAMKEIT

Einatmend nehme ich den negativen Gedanken
mit Abstand wahr.
Ausatmend lasse ich den Gedanken los und richte meine
Aufmerksamkeit auf etwas Freudvolles oder Positives.

Einatmend nehme ich den negativen Gedanken
mit Abstand wahr.
Ausatmend lasse ich den Gedanken los und richte meine
Aufmerksamkeit auf etwas Freudvolles oder Positives.

Einatmend nehme ich den negativen Gedanken
mit Abstand wahr.
Ausatmend lasse ich den Gedanken los und richte meine
Aufmerksamkeit auf etwas Freudvolles oder Positives.

Bei besonders hartnäckigen Gedanken braucht es manchmal mehr als drei Atemzüge in Achtsamkeit. Bleibe so lange dran, bis du merkst, dass du dich von dem negativen Gedanken lösen kannst. Manchmal ist es auch hilfreich, diese Sätze laut auszusprechen.

DER INNERE ANTREIBER

Man muss bloß man selbst sein.
Das ist meine grundlegende Botschaft.
In dem Moment, in dem du dich so akzeptierst,
wie du bist,
verschwinden schlichtweg alle Belastungen,
alle diesseitigen Bürden.
Dann ist das Leben eine reine Freude,
ein Lichterfest.

Osho

In Momenten der Ruhe wirst du bemerken, wie sehr dein ganzes Leben von Gedanken bestimmt wird, die sich zu Geschichten ausformen, von inneren Monologen, die dir weismachen wollen, wie mittelmäßig du bist, wie ungerecht das Leben zu dir ist und welche Dramen dich noch erwarten. Viele dieser Gedanken sind destruktiv, weil sie uns glauben lassen, dass wir nicht gut genug, nicht schön genug, nicht erfolgreich genug und nicht liebenswert genug sind, um ein entspanntes Leben führen zu dürfen. Studien haben gezeigt, dass uns täglich rund 20.000 solcher Gedanken durch den Kopf gehen, die dafür sorgen, dass wir unser Leben nach ihnen ausrichten. Unsere Gedanken sind also sehr machtvoll. Es sind subtile, energie- und zeitraubende, sehnsuchtserfüllte, angstvolle und destruktive Gedanken. Sie alle haben etwas gemeinsam: Sie halten uns von der direkten Erfahrung des gegenwärtigen Moments ab.

Es erfordert natürlich eine gewisse Übung, Bewusstheit und einen wachen Geist, um zu erkennen, dass ein Gedanke nur ein Gedanke ist. Lassen wir ihn ziehen, löst er sich auf wie Rauch oder platzt wie eine Seifenblase. Spinnen wir einen Gedanken weiter, entsteht in einem Sekundenbruchteil eine Geschichte, die uns erzählt, was wir noch sollen und müssen. Dieser innere Muss-und-Soll-Antreiber ist auch aktiv, während wir schlafen. Oft raubt er uns den Schlaf, wir wachen mitten in der Nacht auf und steigen auf das Gedankenkarussell des Sollens und Müssens auf. Wenn nicht im Schlaf, dann überfallen uns diese Gedanken spätestens beim Duschen, beim Frühstücken oder beim Blick in den Mailaccount.

Für viele Menschen hat mittlerweile sogar das Wochenende ein Müssen-und-Sollen-Vorzeichen, und auch der spirituelle Weg ist von Leistungsdruck gepflastert. Schließlich nehmen wir unseren inneren Antreiber überall mit hin. Obwohl beispielsweise Yoga zur Entspannung gedacht ist, kann unser innerer Antreiber uns auf der Matte so anpeitschen, dass wir hier den gleichen Anspruch an uns haben wie unsere Eltern und Lehrer an uns als Schulkinder.

Das Schlimme an diesem inneren Antreiber, den wir irgendwann in der Kindheit oder spätestens in der Jugend installiert haben, ist, dass er unkündbar ist und uns unser ganzes Leben begleiten wird. Aber: Wir können uns mit ihm anfreunden und ihn zu einem guten Ratgeber und Begleiter umschulen.

Die eigenen Bedürfnisse erkennen

Natürlich gibt es Dinge in unserem Alltag, die wir machen müssen: atmen, schlafen, auf die Toilette gehen, essen, trinken und sterben zum Beispiel. Aber wir müssen die Karriereleiter nicht bis zum Herzinfarkt oder Burn-out erklimmen. Wir müssen auch im Yoga nicht die komplexesten Haltungen perfekt beherrschen. Viel wichtiger ist, dass wir bei allem, was wir tun, mit uns selbst in Kontakt sind, unsere eigenen Bedürfnisse nicht aus den Augen verlieren und immer wieder die Hand aufs Herz legen und uns fragen: Was ist mir wirklich wichtig?

Was passiert körperlich, wenn du dem Antreiber ein »Nein!« entgegensetzt? Welches Gefühl entsteht, wenn du ihm nicht gehorchst? Schlechtes Gewissen oder Schuldgefühl? Was passiert, wenn du dir folgende Fragen stellst:
»Muss ich wirklich?«
»Wer sagt, dass ich muss?«
»Wer behauptet, dass ich dieses oder jenes lassen soll?«

Ist dein innerer Antreiber aber besonders hartnäckig und der Meinung, dass du Sollen und Müssen nicht ohne Weiteres aus deinem Vokabular streichen kannst, dann formuliere den Satz um und sage: »Ich würde gerne heute Abend zum Yoga gehen« oder: »Ich werde jetzt täglich meditieren«.

Viele Menschen verspüren gleich eine Erleichterung, wenn sie das Wort »möchten« oder die Formulierung »würde gerne« verwenden. Meist entspannt sich dann gleich der Körper, der Atem wird fließender und auch im Geist entsteht ein Gefühl von Weite.

Umgang mit negativen Gedanken

Solltest du dich im Moment noch schwer damit tun, diese Stress produzierenden Gedanken hinter dir zu lassen, mach dir bitte bewusst, dass es ganz normal ist, wenn wir uns in ihrem Labyrinth verirren. Vielleicht tröstet es dich, dass du nicht allein bist, wir Menschen sind so konstruiert!

Der Grund liegt in unserem Gehirn, genauer gesagt gibt es Anteile, die als katastrophisches Gehirn bezeichnet werden. Dieser Teil speichert alle negativen Erfahrungen und Gedanken lieber als positive Erlebnisse und Erinnerungen. Diese Reaktion war vor Jahrtausenden für unser Überleben notwendig. Denn wer eine um die Ecke biegende Gefahr wie etwa einen Säbelzahntiger nicht sofort erkannte, wurde eben als Erster gefressen.

Da die Grundstruktur unseres Gehirns schon vor sehr langer Zeit entstanden ist und sich so etwas Archaisches nur sehr langsam verändert, unser Leben aber kaum mehr Säbelzahntiger zu bieten hat, verursacht der Mechanismus heute das Gegenteil: Er führt uns in einen ungesunden Dauerstress. Halten wir jedoch inne für drei Atemzüge in Achtsamkeit und erkennen, dass wir wieder im Steinzeitmodus unterwegs sind und unser innerer Antreiber das Ruder übernommen hat, können wir Stopp zu ihm sagen.

Entspannung, Ruhe und Gelassenheit sind Gift für den inneren Antreiber. Nichtstun ist ein Affront gegen seinen Leistungsanspruch. Wenn du nichts tust, schimpft er dich einen Versager, Faulpelz, Taugenichts. Permanent erzählt er dir, dass du nicht respektiert wirst, wenn du dein Leben genießt.

Hör nicht auf ihn und tue auch manchmal einfach gar nichts. Einfach mal Rückgrat zeigen und sagen: »Ich mach jetzt mal nichts! Gar nichts! Nicht mal drei Atemzüge in Achtsamkeit!« Einfach mal ein kleines Fenster der Ruhe öffnen. Ein Fenster zum Sein. Ein Fenster zu dir selbst. Absichtslos. Bedingungslos.

Sechs kleine Ideen, um einfach mal zu sein

Ein Bonbon lutschen, ohne es besonders gut oder achtsam machen zu wollen.

Geduldig warten, bis die Frühstückseier fertig sind.

Die Sonne auf dem Bauch spüren.

Ein Bier trinken, weil es gut schmeckt und entspannt.

Einen Mittagsschlaf halten.

Ausschlafen.

Tue immer mehr nur noch das, wozu du dich aus tiefstem Herzen entschlossen hast. Müssen ohne Entschlossenheit ist wie ein Klotz am Bein. Du hast ihn dir selbst ans Bein gehängt, weil du deinem innersten Wesen nicht gefolgt bist. Er kostet viel Kraft. Kraft, die dir anderswo fehlt. Sage dir in Zukunft: »Sollen und müssen war gestern. Entspannt sein und in Ruhe handeln bestimmt mein heutiges Leben.«

Freundschaft schließen mit dem inneren Kritiker

Neben dem inneren Antreiber melden sich vielleicht noch weitere selbstvernichtende Stimmen in dir. Eine davon ist der innere Kritiker, der dir Gedanken des Zweifelns, der Angst und der negativen Wertung ins Ohr flüstert. Er geht so gnadenlos kritisch wie kein anderer Mensch auf dieser Welt mit dir um. Der innere Kritiker beobachtet dich mit Argusaugen, erinnert dich in den unpassendsten Momenten an deine Schwächen und verurteilt dich beim kleinsten Fehltritt. Sein ungnädiges Urteil fällt er nicht nur über dich, sondern auch über andere Menschen – gedanklich oder verbal. Niete, Versager und Taugenichts gehören zu seinen Kommentaren, und sein Geschimpfe kann dich dazu treiben, dass du dein Geburtsrecht anzweifelst.

Der innere Kritiker kann dir mit seiner Destruktivität jegliches Selbstvertrauen nehmen, sodass du dich scheust, etwas Neues anzufangen – er flüstert dir dein Scheitern ein. Wer fängt schon eine neue Beziehung, einen neuen Job oder ein neues Hobby an, wenn eine Stimme in ihm versichert, dass es wie immer schiefgehen wird?

Die meisten Menschen haben ihren inneren Kritiker schon sehr lang an ihrer Seite. Zahllose Ermahnungen und mangelnde Zuwendung von Eltern oder Lehrern riefen ihn auf den Plan. Die Aufgabe dieses inneren Kritikers bestand damals darin, dich vor Schaden oder tiefen schmerzhaften Erfahrungen zu schützen, indem er Enttäuschungen oder den Tadel vorwegnahm. Mittlerweile bist du jedoch erwachsen und hast wahrscheinlich auch schon viele Erfolge gefeiert. Ein eigenes Urteil über deine Fähigkeiten und über deine Einzigartigkeit sollte möglich sein. Der innere Kritiker vermiest dir aber konsequent den Spaß an deinen Erfolgen. Das doppelt Gemeine ist: Je unbarmherziger du mit dir selbst ins Gericht gehst, desto eher werden andere Menschen dasselbe tun. Je weniger du dir zutraust, desto passiver wirst du, denn dann kann ja nichts schiefgehen. Allerdings gibst du deinen Fähigkeiten keine Chance zu erblühen – und fügst dir großen Schaden zu.

Aushebelungsstrategien

Mithilfe der Achtsamkeit kannst du deinen inneren Kritiker aus seiner dunklen Ecke in deinem Kopf herausholen und ihn mit der Realität konfrontieren. Horch in dich hinein und identifiziere sein Gerede, locke ihn heraus: Im grellen Licht der Wahrheit wird er sehr klein werden …

Schreibe dir seine Lieblingssätze auf, damit du die Quelle beim nächsten Mal identifizieren kannst. Sätze wie: »Das schaffst du sowieso nicht«, »Du bist unfähig«, »Das klappt niemals«.

Überprüfe den Realitätsgehalt dieser Aussagen, indem du wohlgesonnene Menschen in deinem Umfeld fragst, wie sie dich sehen.

Suche nach Gegenbeispielen und schreibe auf, was du bisher geschafft und geleistet hast. Wenn du es dir beim ersten Mal nicht glaubst, lies es dir immer wieder vor, wie ein Mantra. Trau dich!

Mach dir deine Werte bewusst und überprüfe, ob sie wirklich deinem Herzen entspringen oder ob sie veraltet sind und du sie von Eltern oder Partnern oder aus gesellschaftlicher Konvention übernommen hast.

Versuche nicht, deinen inneren Kritiker loszuwerden, sondern nimm ihn an und sei liebevoll mit ihm.

Mach deinen inneren Kritiker zu deinem besten Freund.

Mach dir die Färbung deiner Gedanken bewusst: Sind sie abwertend? Verzagt? Kritisch? Unterstützen sie dich oder richten sie sich gegen dich? Werten sie andere Menschen ab?

Wie entstehen deine Urteile: Beruhen sie auf Vorstellungen, Unterstellungen oder Erwartungen?

Frage dich ehrlich: Wer bewertet wirklich? Suche bei negativen Bewertungen bewusst nach einem positiven Aspekt. Erinnere dich: Man kann Ärger und Freude nicht gleichzeitig empfinden.

Nimm bei Kritiksalven bewusst eine würdevolle Körperhaltung ein und lächle dir zu. Stell dir vor, dass du ein Buddha, eine Königin oder eine Weise bist. Versuche, in dieser Haltung zu gehen, zu essen, zu sitzen und dich selbst und andere aus dieser würdigen und wohlwollenden Haltung heraus zu betrachten.

Mach diese Tipps zu deinem täglichen Leitfaden und lerne deinen inneren Kritiker so besser kennen. Sie helfen dir auch im Umgang mit deinem inneren Antreiber. Hast du diese beiden inneren Zensoren im Blick, wirst du viel über sie sowie ihren großen Anteil an deiner Rast- und Ruhelosigkeit erfahren.

Öffne dein Herz für die beiden und schenke ihnen drei Atemzüge in Achtsamkeit. Am besten im nächsten Moment, in dem sich die antreibende oder kritisierende Stimme in dir meldet. Eine kleine Pause der Achtsamkeit mit urteilsfreier Kenntnisnahme schafft einen inneren friedlichen Raum. Einen Raum, in dem DU entscheidest, ob du auf einen inneren Antreiber reagierst oder nicht. So lernst du, alte Gewohnheiten und Denkmuster zu durchbrechen.

Solltest du durch dieses Buch zum ersten Mal mit der Achtsamkeitspraxis in Berührung kommen, kann es dich erschrecken, die negativen und bewertenden Gedanken wahrzunehmen, die dir durch den Kopf gehen. Das ist völlig normal, du unterscheidest dich diesbezüglich nicht von den meisten anderen Menschen. Bemerke, was passiert, entwickle Bewusstheit und steige aus dieser negativen Denkspirale aus. Bleib offen und verurteile dich nicht, dass du gerade wieder mal auf deinen kleinen Speckröllchen rumreitest oder die ersten Falten schrecklich findest. Richte deine Aufmerksamkeit auf deine positiven Eigenschaften.

Übung: Mein kritischer Blick unter der Lupe

Suche dir jeden Tag ein bestimmtes Übungsfeld, um dir deiner Bewertungen bewusst zu werden. Es kann die morgendliche Dusche, die Besprechung im Team, die Party am Abend, der Weg zur Arbeit oder der Einkauf eines neuen Pullovers sein. Richte deine Aufmerksamkeit darauf, wie du über dich selbst und andere denkst.

Beginne bei dir selbst. Was denkst du über dich, wenn du morgens einen Blick in den Spiegel wirfst? Bist du dir wohlgesonnen, oder ist dein Blick eher kritisch? Wie bewertest du dein Aussehen und aufgrund welcher Kriterien? Wie bewertest du dein Verhalten und in welchen Situationen? Wie steht es mit deinem kritischen Blick auf andere? Wie wohlgesonnen bist du einem Mitmenschen gegenüber, wenn er nicht deinen äußerlichen Idealen entspricht? Wie tolerant bist du Menschen gegenüber, die nicht die gleiche Schulbildung oder die gleiche Hautfarbe haben wie du? Welche Ansprüche stellst du an andere Menschen? Unterstellst du einem Menschen eine bestimmte Haltung, Intelligenz, Dummheit oder Ähnliches, noch bevor du ein Wort mit ihm gesprochen hast?

Versuche, sowohl bei der Eigenbewertung als auch bei der Bewertung anderer möglichst genau wahrzunehmen, wie du emotional und körperlich auf die Bewertungen reagierst. Nimm dir immer wieder Zeit, genau zu betrachten, was dir auffällt, wenn du urteilst: Gibt es ein bestimmtes Muster, besonders dann, wenn du an dir oder anderen kein gutes Haar lässt? Versuche, deine Tendenz wahrzunehmen, ohne dich wiederum dafür zu bewerten oder zu verurteilen.

Durch diese Übung lernst du dich besser kennen, wirst in deinen Urteilen über dich und andere achtsamer und großzügiger. Es wird dir leichter fallen, deinen Gedanken, Gefühlen und Körperempfindungen mit mehr Distanz zu begegnen, sich ihnen ohne Gefahr zu nähern und sie zu erforschen, anstatt dich überwältigen zu lassen oder dich abzuschotten. Nimm wahr, ohne dich zu verurteilen, und finde heraus, was passiert, wenn du dich über dich oder andere ärgerst, was das Gefühl auslöst und wo es im Körper sitzt. Mach dir immer wieder bewusst, dass du der Herr im eigenen Haus bist. Du beherrschst deine Gedanken, nicht umgekehrt.

EIN OFFENER BLICK AUF DIE GEDANKEN

Lerne zu lieben,
was ist.

BYRON KATIE

Mit zunehmender Verbreitung der Achtsamkeitspraxis interessiert sich auch die Wissenschaft immer mehr für ihre heilsamen Effekte. Inzwischen beweisen zahlreiche Studien, wie unmittelbar sich die Qualität unserer Gedanken auf unser Gehirn und den restlichen Körper auswirkt. Untersuchungen, für die sich buddhistische Mönche zur Verfügung stellten, machen deutlich, welchen nährenden Effekt Achtsamkeit und Mitgefühl haben und wie wichtig es ist, dass wir unsere Aufmerksamkeit auf das richten, was uns aufbaut. Umgekehrt wirken sich natürlich auch negative Gedanken umfassend auf unser ganzes Leben aus.

Neuropsychologen wie Rick Hanson stellten fest, dass sich eine heilsame Geisteshaltung, die durch achtsame, mitfühlende und wohlwollende Gedanken geprägt ist, umfassender auf unser Gehirn auswirkt, als bisher angenommen. Und noch mehr: Wir können unser Gehirn unser ganzes Leben lang positiv verändern! Je bewusster wir uns unserer selbst also sind und je achtsamer wir mit unseren Gedanken umgehen, desto mehr Einfluss haben wir auf unser eigenes Wohlergehen. Das bedeutet natürlich nicht, dass wir uns die Welt schön denken und Probleme leugnen sollten. Das Leben ist, wie es ist. Es liegt nicht in unserer Macht, äußere Umstände so zu verändern, dass alles nur noch ideal ist. Aber wenn wir lernen, dass wir uns nicht mehr von negativen Gedanken leiten lassen müssen, und stattdessen versuchen, Abstand von ihnen zu bekommen und den Blick auf das Gute in uns zu richten, entsteht innerer Frieden. Nicht nur das: Zahlreiche psychosomatische Leiden und psychische Erkrankungen können durch die Kraft der Gedanken geheilt werden.

Mach dir bewusst, dass sich dein Gehirn ständig durch das verändert, was du tust und denkst. Wann immer du etwas Neues lernst, werden sich neue neuronale Verknüpfungen bilden. Um deutlich zu machen, wie diese Verknüpfungen wirken, verwendet man gerne das Bild eines Muskels, der auch erst durch ein regelmäßiges und entsprechendes Training aufgebaut wird.

Halte also öfter inne und mach die Übungen, die dir Ruhe und Entspannung schenken. Je achtsamer du wirst, desto mehr aktivierst du Areale in deinem Gehirn, die dafür sorgen, dass du langfristiger zufriedener, erfüllter und ausgeglichener wirst. Je häufiger du die Neuronen deines Gehirns aktivierst, desto nachhaltiger wird diese neuronale Verbindung sein. Glücksgefühle sind kein Zufall, sondern die Folge von regelmäßiger Praxis, unterstützenden Gedanken und wohltuenden Handlungen.

Perfektionismus ade

Wenn du lernst, deinen inneren Kritiker mit Abstand zu betrachten, und milder wirst im Urteil über dich selbst und andere Menschen, wirst du erkennen, dass kein Mensch perfekt ist. Und das ist auch gut so. Fehler zu machen ist menschlich – mit ihnen umzugehen zeichnet den wahren Meister aus. Aber auch das ist eine Fähigkeit, die jeder erlernen kann. Achtsamkeit unterstützt dich in diesem Prozess, denn sie führt zu Gleichmut und Weisheit. Sie hilft dir zu erkennen, dass du über deine eigenen Fehler oft zu hart urteilst, während du über die Fehler anderer milde hinwegblickst. Auch für dich gilt: Du brauchst nicht perfekt zu sein. Es reicht, wenn du dein Bestes gibst. Wir sind keine Maschinen und keine Computer, zum Glück!

Sich der eigenen Mechanismen bewusst zu werden und sich klarzumachen, wer und was dich in deinem Inneren dazu bewegt, bedeutet Selbsterkenntnis. Durch Achtsamkeit lernst du zu unterscheiden, was wirklich passiert oder ob du dir gerade nur eine Geschichte darüber erzählst.

Übung: Den inneren Kritiker zum Freund machen

Suche dir nach Möglichkeit einmal am Tag einen Ort, an dem du für 5 bis 15 Minuten ungestört bist. Nimm eine aufrechte und würdevolle Haltung ein und schließe die Augen, wenn es angenehm für dich ist. Erinnere dich an eine Situation, in der du einen Fehler gemacht hast oder dir etwas nicht so gut gelungen ist. Wie übel hast du es dir genommen, dass es nicht so gut geklappt hat, wie du es dir vorgestellt hast? Konntest du es dir inzwischen verzeihen? Wer in dir verlangt, dass du immer alles 100- oder – besser noch – 200-prozentig hinbekommst? Wer in dir achtet in erster Linie auf das, was nicht klappt, statt dich für das zu loben, was du schaffst und leistest?

Wenn es dir gelingt, nimm bewusst Kontakt mit deinem inneren Kritiker auf und frage ihn, was er heute braucht, um das Positive wertschätzen zu können. Bleibe in einem konstruktiven Austausch mit ihm. Betrachte den inneren Kritiker wie einen Freund, der dich auf etwas hinweisen möchte. Wie fühlt sich das an?

Bleib in der Position des Beobachters, ohne dich selbst oder deine Gefühle zu bewerten, aber nimm alle Gefühle wahr. Beende die Übung, indem du dich vor dir selbst und vor deinem inneren Kritiker verneigst.

Konzentriere dich nicht länger auf das, was schiefläuft, sondern schenke deine Aufmerksamkeit dem, was dir gelingt. Dann wird sich auch deine Erfahrung verändern, weil sie von deiner Wahrnehmung beeinflusst wird.

Übung: Warteschlangen-Meditation

Wenn du das nächste Mal in einer Warteschlange im Supermarkt stehst, achte ein paar Minuten lang nur auf das, was dich an anderen Menschen um dich herum stört und wie sich das im Körper anfühlt. Dann richte deinen Blick ein paar Minuten lang auf das Gute, das Schöne, das Positive, das du in deinen Mitmenschen erkennen kannst. Wie fühlt sich das an? Wende dich nun dir selbst zu: Nimm dir die nächsten Minuten Zeit und richte deine Aufmerksamkeit auf das, was du an dir nicht ausstehen kannst. Achte darauf, wie es sich im Körper anfühlt. Die letzten Minuten betrachte, was dir an dir selbst gefällt. Durch diese Übung bekommst du ein Gespür dafür, welche innere Haltung dir ein Gefühl von Verbundenheit mit anderen und Selbstwert schenkt – und damit Ruhe und Entspannung.

Kleine Erfolge wertschätzen

Nimm es dir nicht übel, wenn du deinen inneren Kritiker nicht immer sofort identifizierst oder dir der Austausch mit ihm schwerfällt. Der erste Schritt ist die Erkenntnis, wie oft du dich kritisierst und wie automatisch dieser Mechanismus abläuft. Es sind die vielen kleinen Veränderungen, die wichtig sind und die die Achtsamkeitspraxis ausmachen. Es ist bereits ein wunderbarer Anfang, wenn du dich abends nach der Arbeit fünf Minuten auf eine Bank setzt, ein paar

Atemzüge in Achtsamkeit nimmst, den Moment genießt und dich auch für die Dinge lobst, die dir im Laufe des Tages gelungen sind. Klopfe dir auch für solche Dinge auf die Schulter, die dir vielleicht selbstverständlich erscheinen. Halte einfach inne und atme Mitgefühl für dich selbst ein und aus. Wertschätze dich, weil du tust, was dich wirklich interessiert, sowie dafür, dass du dir gegenüber jetzt nachsichtiger bist, wenn mal nicht alles rund läuft.

Übung: Die Liste der kleinen und großen Erfolge

Schreibe Dinge auf, die dir im Laufe deines Lebens geglückt sind. Es müssen nicht immer die großen Erfolge sein – lesen lernen, Kontakte pflegen, Auto fahren, allein mit dem Zug quer durch die Republik reisen, schwimmen lernen … All das sind keine Selbstverständlichkeiten. Fertige eine Liste mit mindestens fünf Dingen an, die dir in deinem Leben gelungen sind:

1. ....
2. ....
3. ....
4. ....
5. ....

Nun fülle eine Liste mit den inneren Eigenschaften und/oder Äußerlichkeiten, die du besonders an dir magst. Trau dich!

1. ....
2. ....

3. ....
4. ....
5. ....

Erfahrungsgemäß tun sich Menschen sehr leicht, wenn es darum geht, die eigenen Fehler oder Unzulänglichkeiten aufzuführen. Aber das zu benennen, was wir an uns mögen, braucht manchmal Mut. Übrigens ist dies eine wunderbare Übung, die du mit Freunden oder Arbeitskollegen machen kannst: Es ist immer wieder erstaunlich zu sehen, was andere Menschen an sich selbst mögen. Oft sind es Qualitäten, die sie gut verstecken und die deswegen nicht sofort auffallen.

Von der Kraft, gut zu dir zu sein

Das Leben ohne Achtsamkeit wird von dem bestimmt, was wir uns unbewusst selbst ins Ohr flüstern. Wie wir auf den vorigen Seiten festgestellt haben, ist das meiste davon nicht gerade schmeichelhaft. Je besser du diese Stimmen auseinanderhalten kannst, desto weniger wirst du auf sie hören. Du musst Selbstvorwürfen keine Nahrung zuführen, indem du sie mit deiner Aufmerksamkeit fütterst. Richte sie auf deinen Atem, deinen Körper, auf etwas, das du gut gemacht hast, oder eine Eigenschaft, die dich auszeichnet. Wenn du dies lernst, wirst du anfangen, nicht mehr alles zu glauben, was du denkst, und dich weniger kritisch betrachten. Stattdessen wirst du mehr Selbstmitgefühl für dich entwickeln. Selbstmitgefühl ist still, friedvoll und leuchtend. Wenn wahres Selbstmitgefühl dich berührt, so ist dies eine der heilsamsten Erfahrungen, die du machen kannst. Die wahre Kraft des Selbstmitgefühls ist, dass sie dir eine heilvolle Zukunft schenkt. Du kannst endlich Altes, Schmerzvolles und Selbstzerstörerisches hinter dir lassen und dich dem Leben zuwenden. Deinem Leben. Die amerikanische Psychologin Kristin Neff geht davon aus, dass sich Selbstmitgefühl aus den folgenden vier wichtigen Aspekten zusammensetzt.

Sich selbst gegenüber freundlich sein

Statt dich mit Vorwürfen zu bombardieren, wenn das Leben nicht nach Wunsch läuft, reagierst du auf verständnisvolle, mitfühlende und liebevolle Weise auf die Situation.

Mehr Menschlichkeit, weniger Perfektionismus

Mach dir bewusst, dass kein Mensch perfekt ist und wir alle immer wieder Fehler machen. Dann wird es dir leichter fallen, über deine Schwächen und Fehler und die der anderen milde hinwegzusehen.

Mit Achtsamkeit aus der Angstspirale aussteigen

Achtsam zu sein bedeutet, möglichst offen und wertfrei im Moment zu sein. Diese Haltung unterstützt uns, den wertenden Geist wahrzunehmen und ihn in seine Schranken zu weisen. Bedrückende, bewertende und negative Gedanken und Gefühle lernst du mit Distanz zu betrachten, anstatt in eine Angstspirale zu geraten.

Behandle dich wie deine beste Freundin

Unseren Freunden gegenüber sind wir oft viel nachsichtiger als uns selbst gegenüber. Wenn du im Umgang mit dir großzügiger wirst und dir mit mehr Liebe und Mitgefühl begegnest, wird etwas in dir zur Ruhe kommen.

Übung: Sei nachsichtiger mit dir

Welche fünf der folgenden Eigenschaften würden dich darin unterstützen, mehr Mitgefühl mit dir zu entwickeln?

Achtsam – tolerant – großzügig – humorvoll – nachsichtig – liebevoll – unterstützend – stärkend – wohlwollend – empathisch – umsorgend – weitherzig – fördernd – gelassen – ruhig – ermutigend – verbunden – mitfühlend – verständnisvoll – respektvoll – gütig – geduldig – entgegenkommend – freundschaftlich – freizügig – wertschätzend – bedachtsam – souverän – loyal – gefühlvoll – liebenswürdig

Liste die fünf Eigenschaften auf einem Zettel auf.

Dann notiere einen entsprechenden Satz zu jeder Eigenschaft auf einem zweiten Zettel und hänge ihn so auf, dass du ihn gut sehen kannst.
Beispiele:
Ich möchte mitfühlend mir umgehen.
Ich möchte geduldig mit mir sein.

Ich betrachte meine Schwächen nachsichtig.

Umarme dich selbst. So, als würdest du deine beste Freundin in den Arm nehmen, wenn sie nicht weiterweiß. Sei einfach da. So, wie du es bist, wenn ein Mensch dich braucht. Und dieser Mensch bist heute DU.

Übung: Sei dir selbst die beste Freundin

Niemanden verurteilen wir so hart wie uns selbst. Behandle dich wie deine beste Freundin und stehe dir mit den gleichen guten und sinnvollen Ratschlägen zur Seite wie ihr:

Wie geht es dir, wenn du nachsichtiger mit dir bist und dir selbst mehr Mitgefühl schenkst?! Genieße diese Annäherung an dich selbst und schließe Frieden mit dir. Komme in deinem Körper an und mache dir immer wieder bewusst, dass er dein kostbarstes Gut hier auf Erden ist. Wenn du dich in deinem Körper wohlfühlst, wird er dir wie ein Kompass die für dich richtige Richtung zeigen, er wird dir helfen, deinen Weg und deine Bestimmung zu finden.

Mit der nächsten Übung nimmst du noch einmal intensiv mit einem wichtigen Teil deines Körpers Kontakt auf: mit den Nieren. Die Nieren sorgen für die Entgiftung des Körpers, regulieren seinen Wasserhaushalt und sind außerdem Produktionsstätte lebenswichtiger Hormone. Genug Gründe, ihnen etwas liebevolle Aufmerksamkeit zukommen zu lassen:

Lege deine Hände auf deine Nieren. Am besten auf die blanke Haut, um einen direkten Kontakt zum Körper herzustellen. Und nimm dann:

DREI ATEMZÜGE IN ACHTSAMKEIT

Einatmend nimmst du die Hände auf deinem Rücken wahr. Spüre, wie sich dieser Bereich inklusive der Flanken leicht anhebt und bei der Ausatmung wieder senkt.

Einatmend nimmst du die Hände auf deinem Rücken wahr. Spüre, wie sich dieser Bereich inklusive der Flanken leicht anhebt und bei der Ausatmung wieder senkt.

Einatmend nimmst du die Hände auf deinem Rücken wahr. Spüre, wie sich dieser Bereich inklusive der Flanken leicht anhebt und bei der Ausatmung wieder senkt.

Konntest du den Kontakt deiner Hände mit dem Rücken spüren und wahrnehmen, wie sich die Seiten deines Körpers etwas geweitet haben?
Vielleicht möchtest du diese Übung noch einmal wiederholen, um den Atem noch einmal etwas bewusster wahrzunehmen.
Überfordere dich aber nicht, wenn du mit deinem Atem noch nicht so vertraut bist.
Nimm dir Zeit und lass dir Zeit!

5 FINDE DEINEN WEG

HEILSAME MEDITATIONEN

Sei leer, sei ruhig.
Sieh zu, wie alles kommt und geht.
Es kommt aus der Quelle und kehrt dorthin zurück.
Das ist der Weg der Natur.

Daodejing

Besonders an Tagen, an denen der Stress groß ist und dich wieder überrollt, solltest du die Meditationen machen. Indem du die Stille suchst, in sie eintauchst, dich von ihr verzaubern und erfüllen lässt, verliert die Ruhelosigkeit an Gewicht. Mit der Dimension des inneren Friedens und der zeitlosen Glückseligkeit zu verschmelzen ist das Resultat, wenn du mit Disziplin und Gleichmut übst.

Achtsamkeit bedeutet nicht, von heute auf morgen vollkommen frei zu werden von der Ruhelosigkeit, von Ängsten und Sorgen, Ärger und Traurigkeit. Achtsamkeit bedeutet, sich dem zu stellen, was gerade ist. Dies erfordert mehr Mut, als sich weiterhin abzulenken und ruhe- sowie rastlos durchs Leben zu hetzen. Es bedeutet auch, dass du Nervosität oder Ärger wahrnimmst, dass du innehältst, sie da sein lässt, ohne sofort eine ultimative Lösung für ein ideales Leben in Gelassenheit parat zu haben. Achtsamkeit bedeutet, in kleinen Schritten große Veränderungen vorzunehmen. Ein entscheidender Schritt könnte sein, länger und öfter innezuhalten als nur drei Atemzüge in Achtsamkeit.

Sich mehr Zeit für sich selbst zu nehmen macht vielen Menschen Angst. Nicht umsonst lenkt sich der Großteil der Bevölkerung konsequent von sich selbst ab. Hand aufs Herz: Was würde sich verändern, wenn du den Mut aufbrächtest, dir mehr Zeit als drei Atemzüge in Achtsamkeit zu nehmen? Was würde sich verändern, wenn du die Furchtlosigkeit entwickeln und innehalten würdest, um auf deine Bedürfnisse zu hören, anstatt dem inneren Kritiker zu glauben oder äußeren Idealen nachzujagen?

Was genau sich verändern würde, wirst du erst erfahren, wenn du dich regelmäßig aufs Meditationskissen setzt, also deine Aufmerksamkeit nach innen auf Stille und Ruhe richtest, anstatt dich von tosenden Gedanken wegtragen oder von den sozialen Netzwerken ablenken zu lassen. Durch Meditation entwickelst du nach und nach die Fähigkeit, dich selbst zu beruhigen – eine der größten Kräfte, die uns Menschen innewohnt. Die folgenden Tipps werden dich darin unterstützen, auch Meditationen, die 15 bis 30 Minuten dauern, entspannt durchzuhalten.

Sitze still und beobachte, was geschieht

Still zu sitzen eröffnet dir die Möglichkeit, zum Beobachter deiner inneren Prozesse zu werden. Wenn wir still sitzen, werden wir nicht von äußeren Einflüssen abgelenkt, sondern können einfach wahrnehmen, was von Moment zu Moment in uns vorgeht. Manchmal ist es ein einziger Gedanke, der dazu führt, dass wir unruhig werden und die

Meditation beenden wollen. Manchmal ist es auch nur ein Juckreiz, der die ganze Aufmerksamkeit auf sich zieht und Atemkonzentration unmöglich macht. Wenn wir diesen Regungen keine Aufmerksamkeit schenken, kann unser Geist zur Ruhe kommen. Die Meditation kann uns darin unterstützen zu erkennen, wie unruhig wir sind, sie ist wie ein Blick in den Spiegel. Vielleicht erfährst du während einer Meditation überhaupt zum ersten Mal, wie unruhig du bist oder wie viele destruktive Gedanken dir durch den Kopf schießen.

Sitze aufrecht und beobachte

Die aufrechte Sitzhaltung ist eine wundervolle Möglichkeit, Achtsamkeit zu erlernen und beizubehalten. Je häufiger du in diese Haltung kommst, desto bewusster wird dir, wie sehr du dich auch innerlich aufrichtest und wach und klar im Geist wirst. Eine regelmäßige Meditationspraxis verbessert deine Körperhaltung automatisch, der Rücken wird stärker und deine ganze Haltung aufrecht. Natürlich kann es sein, dass du an manchen Tagen müde und lustlos in die Übung hineingehst, was sich in deiner Haltung niederschlagen wird. Aber auch hier lohnt sich die regelmäßige Praxis – dein Rücken wird es dir danken, wenn du ihn immer wieder in eine aufrechte Position zurückbringst.

Nimm an, was ist

Wahrscheinlich hast du bereits bei kürzeren Atemübungen oder Meditationen bemerkt, dass dir allerlei Gedanken,

Fantasien, Pläne, Erinnerungen, Wünsche, Erwartungen und Bewertungen durch den Kopf gehen. Es können interessante, langweilige, erschreckende, vielleicht auch ungewohnte Gedanken und manchmal auch überraschende Erkenntnisse sein. Die Kunst der Meditation besteht darin, alle Gedanken, Gefühle und Körperempfindungen da sein zu lassen, sie ohne Bewertung zu beobachten, ihnen nicht nachzugehen. Wenn du Gedanken, Gefühle und Körperempfindungen einfach da sein lässt, wirst du sehen, dass sie entstehen, da sind – und vergehen. Das ist eine sehr wichtige Erkenntnis, weil sie verdeutlicht, dass wir Gedanken oder Gefühle haben, aber nicht unsere Gedanken oder Gefühle sind. Sie entstehen in unserem Gewahrsein, und besonders leidvolle Gefühle wie Wut, Angst, Neid oder Eifersucht wollen wir nicht spüren und verdrängen sie, sobald sie auftauchen. Dann können sie auf sehr subtile Weise im Unterbewusstsein weiterwirken. Lassen wir sie hingegen da sein, können sie uns manchmal auch als hilfreicher Hinweis für unsere Unruhe dienen.

Sitze entspannt und mit Freude

Es geht nicht darum, dass du in einer perfekten Meditationshaltung sitzt, und auch nicht darum, dass du deine Meditation zu einem weiteren Punkt auf deiner täglichen To-do-Liste machst. Entspanne deinen Körper, während du aufrecht sitzt, und meditiere mit Freude! Mach dir bewusst, dass es ein außerordentliches Privileg ist, als Mensch geboren worden zu sein. Denn nur ein Mensch hat die Fähigkeit, sich selbst zu reflektieren, zu reflektieren, was er denkt und fühlt. Freue dich darüber, dass du bewusst erfahren kannst, was in dir passiert. Sei neugierig auf dich selbst und mach dir immer wieder bewusst, was für ein großes Geschenk es ist, dass du meditieren kannst.

Und nun ab aufs Kissen! Denn die Meditation ist etwas, das man nur durchs Üben erfahren kann. Die folgenden Meditationen bauen aufeinander auf. Nimm dir nach Möglichkeit jeden Tag Zeit, um sie zu üben. Beginne mit wenigen Minuten.

Praktische Tipps zum Meditieren

Im Folgenden findest du noch ein paar Tipps, die dir die Meditation erleichtern.

Ruhe, Klarheit und Entspannung

Der Raum, in dem du meditierst, sollte ordentlich und sauber sein, weil du dich nur dann wirklich gut entspannen kannst. Es ist die beste Voraussetzung, um ganz bei dir zu bleiben. Ein klarer Raum spiegelt auch deinen Geist wider: Je ordentlicher das Zimmer ist, desto schneller kommst du zu dir selbst und desto eher wirst du dir deiner selbst umfassend bewusst.

Selber Ort, selbe Zeit

Richte dir nach Möglichkeit einen speziellen Platz ein, an dem du meditierst, nach Möglichkeit ein Zimmer, in dem du ungestört bist und zur Ruhe kommen kannst. Wenn du in deinem Arbeitszimmer meditierst, wirst du vielleicht von Gedanken abgelenkt, die mit Pflichten zu tun haben.

Vielleicht möchtest du dir sogar einen kleinen Altar aufbauen, auf dem du eine Buddhastatue oder ein anderes Symbol des Friedens und der Ruhe aufstellst. Du kannst die Atmosphäre an diesem Platz auch durch frische Blumen oder eine Kerze unterstreichen. Mach dir immer wieder bewusst, dass eine äußere Situation deine eigene innere Situation widerspiegelt: Ein aufgeräumter, klarer und liebevoll eingerichteter Raum spiegelt einen aufgeräumten, klaren Menschen wider.

Ein Gongschlag, sei es virtuell über eine Meditations-App oder von einem echten Gong, leitet deine Meditation wirksam ein. Der Gong signalisiert deinem Gehirn, dass du in den nächsten Minuten zur Ruhe kommen wirst. Mit der Zeit werden sich dein Körper und dein Geist allein durch den Klang des Gongs entspannen, weil du dich selbst darauf konditioniert hast. Beende die Meditation auch mit dem Gong. Vielleicht möchtest du die Hände vor dem Herzen zusammenlegen und dich auf diese Weise symbolisch vor dir selbst verneigen.

Mach's dir bequem

Sorge dafür, dass deine Kleidung bequem und weit ist und dass du keinen engen Gürtel oder eine Hose trägst, die deinen Bauch einklemmt und deine Atmung behindert.

Meditationsübungen

Probiere die folgenden Meditationen aus und übe die, die dir am besten gefällt, eine Zeit lang.

Übung: Komm an

Mach es dir auf deinem Meditationskissen oder auf einem Stuhl bequem. Schlage den Gong an und schließe die Augen, wenn möglich. Richte dich von innen heraus auf.

Atme ein paar Mal durch die Nase ein und durch den Mund aus, um bewusst anzukommen. Bist du sehr unruhig, lass die Ausatmung länger werden als die Einatmung.

Atme ein und atme aus. Komm noch ein bisschen mehr an und lass dich bewusst auf dem Kissen oder Stuhl nieder. Spüre, wie die Unterlage dich trägt. Komm ganz entspannt an. Bei dir. In diesem Moment. Mit allem, was er beinhaltet. Komm an. Sei wachsam. Nimm wahr, was ist.

Atme jetzt durch die Nase ein und durch die Nase aus. Komm noch ein wenig mehr an. In dir. Trau dich. Komm an. In diesem Moment.

Einatmend und ausatmend lass mit dem nächsten Ausatmen alles los, bis auf diesen Moment. Komm an. Sei mutig. Jetzt. Komm an. In dir. Hier und jetzt und genau in diesem Moment.

Atme abschließend drei Atemzüge in Achtsamkeit ganz bewusst ein und aus. Kehre dann in deinen Alltag zurück.

Übung: Atem sein

Komm in eine bequeme, aufrechte und entspannte Haltung. Schlage den Gong an und schließe die Augen.

Nimm drei bewusste Atemzüge in Achtsamkeit: Atme durch die Nase ein und durch den Mund aus. Nimm dabei wahr, wie du durch das bewusste tiefe und langsame Ausatmen mehr und mehr auf der Unterlage ankommst.

Lenke deine Aufmerksamkeit zum Becken und atme dann von hier aus über den Unterbauch, den Oberbauch, den Brustraum bis hoch zur Nase ein. Atme den gleichen Weg zurück bis ins Becken wieder aus und lass dir so viel Zeit, dass du die jeweiligen Bereiche im Körper bewusst wahrnimmst. Achte darauf, dass Schultern, Kiefer und Zunge entspannt sind. Atme ein paar Mal auf diese Weise.

Richte deine Aufmerksamkeit auf die Körperrückseite, lass sie mit der Einatmung an der Wirbelsäule auf- und mit der Ausatmung an der Wirbelsäule absteigen. Kannst du wahrnehmen, wie sich der Oberkörper durch die Atmung ganz fein bewegt? Vielleicht nimmst du nichts wahr. Es geht um den Fokus deiner Aufmerksamkeit und nur in zweiter Linie darum, was du wahrnimmst. Es geht auch nicht darum, es besonders gut oder richtig zu machen. Es geht ums Sein, nicht ums Tun. Einfach sein. Mit dir selbst, mit deinem Körper und mit deiner Atmung.

Vielleicht kannst du spüren, wie du mit der Zeit ruhiger wirst. Es kann auch sein, dass du deine Unruhe erst recht wahrnimmst. Das ist ganz normal und passiert vielen Menschen, besonders dann, wenn sie es nicht gewohnt sind, ein paar Augenblicke nichts zu tun, still zu sein und ganz bei sich zu sein. Was immer du wahrnimmst: Alles, was ist, darf sein. Alles, was sich zeigt, ist in Ordnung. Es gibt kein Richtig oder Falsch, kein Gut oder Schlecht.

Lerne dich kennen. Verweile einige Minuten und versuche, entspannt wahrzunehmen, wie du ein- und ausatmest. Atme zuletzt ein paar Mal tiefer ein und aus. Komm im Raum an, recke und strecke dich, öffne die Augen.

Übung: Den Atem beobachten

Sorge dafür, dass du ungestört bist. Stelle das Handy auf Flugmodus bzw. Offline-Modus und den Timer auf 15 Minuten. Komm in eine aufrechte Sitzhaltung und schließe nach Möglichkeit die Augen.

Richte deine Aufmerksamkeit zuerst auf deine Atmung und konzentriere dich auf die Stelle in deinem Körper, an der du die Atmung am deutlichsten wahrnimmst. Bleibe mit deiner Aufmerksamkeit hier und beobachte, wie der Atem kommt und geht, ohne ihn zu verändern.

Aufkommenden Gedanken schenkst du keine Aufmerksamkeit, du bleibst bei der Atmung. Gedanken tauchen auf und vergehen wieder. Nimm sie nur wahr. Verweile bei der Beobachtung deines Atems und genieße die Stille. Beende die Meditation mit einigen tiefen Atemzügen. Recke und strecke dich, bevor du in den Alltag zurückkehrst.

Um zur Ruhe zu kommen, müssen wir das Gedankenkarussell anhalten und die Stille mit dem Wissen suchen, dass sie uns zu unserem wahren Selbst nach Hause trägt. Mantras sind eine wundervolle Hilfe, in die Stille einzutauchen und den hyperaktiven Geist zu beruhigen.

Übung: Mantra-Meditation

Komm in eine bequeme, aufrechte und gleichzeitig möglichst entspannte Haltung. Atme zuerst ein paar Mal ganz bewusst tief durch die Nase ein und durch den Mund aus. Nimm dabei wahr, wie du durch die tiefe Ausatmung mehr und mehr auf der Unterlage ankommst. Nach ein paar Atemzügen beginne, still folgendes Mantra zu rezitieren:

Einatmend: »Ich bin angekommen.«
Ausatmend: »Ich bin zu Hause.«

Bleibe eine ganze Weile bei diesem Mantra, weil es dir dabei helfen kann, die Achtsamkeit in den gegenwärtigen Moment zu lenken. Durch die Rezitation ist kein Raum für ablenkende Gedanken.

Übung: Meditation mit Gedanken

Sorge dafür, dass du ungestört bist. Stelle das Handy auf Flug- beziehungsweise Offline-Modus und den Timer auf 15 Minuten. Komm in eine aufrechte Sitzhaltung und schließe nach Möglichkeit die Augen.

Richte deine Aufmerksamkeit zuerst auf deine Atmung und konzentriere dich auf die Stelle in deinem Körper, an der du die Atmung am deutlichsten wahrnimmst. Bleibe mit deiner Aufmerksamkeit hier und beobachte, wie der Atem kommt und geht, ohne ihn zu verändern. Aufkommenden Gedanken schenkst du keine Aufmerksamkeit, du bleibst bei der Atmung. Gedanken tauchen auf und vergehen wieder. Nimm sie einfach wahr.

Sollten die Gedanken so intensiv sein, dass sie sich nicht sofort auflösen lassen, sage im Stillen: DENKEN. DENKEN. Kehre wieder zurück zur Atembeobachtung. Vielleicht musst du DENKEN. DENKEN. wiederholen.

Vielleicht bist du bisweilen vollkommen in Gedanken verloren, ohne dies zu bemerken. Auch das ist vollkommen in Ordnung. Registriere es, ohne dich zu verurteilen. Wichtig ist, dass du bemerkst, was passiert, und dich dann wieder zur Beobachtung des Atems zurückholst. Mit der Zeit wirst du deine Gedanken immer schneller identifizieren. Dann kannst du sie differenzierter, je nach ihrem Inhalt, benennen: ÄRGERN. ÄRGERN.

oder ERINNERN. ERINNERN. oder BEWERTEN. BEWERTEN. oder PLANEN. PLANEN. Dies hilft dir, Abstand vom Inhalt der Gedanken zu gewinnen. Komme mit deiner Aufmerksamkeit immer wieder zum Atem zurück. Er ist dein Anker für das Hier und Jetzt.

Übung: Meditation mit Gefühlen

Komm in eine bequeme, aufrechte und gleichzeitig entspannte Haltung. Atme zuerst ein paar Mal ganz bewusst tief durch die Nase ein und durch den Mund aus. Nimm dabei wahr, wie du durch die tiefe Ausatmung mehr und mehr auf der Unterlage ankommst.

Richte deine Aufmerksamkeit zuerst auf deine Atmung und konzentriere dich auf die Stelle in deinem Körper, an der du die Atmung am deutlichsten wahrnimmst. Bleibe mit deiner Aufmerksamkeit hier und beobachte, wie der Atem kommt und geht, ohne ihn zu verändern. Wenn Gefühle auftauchen, ist das vollkommen normal. Wenn du ungeübt bist, können Gefühle wie Langeweile, Müdigkeit oder Unruhe aufkommen. Nimm sie wahr und kehre zur Beobachtung des Atems zurück.

Sollten die Gefühle so intensiv sein, dass sie sich nicht sofort auflösen lassen, benenne sie innerlich und sage: FÜHLEN. FÜHLEN. Kehre dann wieder zur Beobachtung des Atems zurück. Vielleicht musst du FÜHLEN. FÜHLEN. wiederholen. Kehre dann zur Atmung zurück.

Vielleicht absorbieren deine Gefühle deine Aufmerksamkeit, und du kämpfst mit Müdigkeit. Registriere es, ohne dich zu verurteilen. Wichtig ist, dass du bemerkst, was passiert, und dich wieder zurückholst, um frisch und unvoreingenommen deine Atmung zu beobachten.

Mit der Zeit wirst du deine Gefühle bewusster wahrnehmen und kannst sie differenzierter benennen: LANGEWEILE. LANGEWEILE. oder MÜDE. MÜDE. Oder auch: »Da ist Müdigkeit«. So distanzierst du dich von dem Gefühl. Komm immer wieder mit der Aufmerksamkeit zum Atem zurück. Er ist dein Anker für das Hier und Jetzt.

Übung: Stille erleben

Oft sind es unsere sorgenvollen Gedanken, die sich uns in den Weg stellen. Sie hindern uns daran, dem Leben mit Offenheit zu begegnen. Aber das muss nicht sein! Diese Meditation zeigt dir, wie du dich von ihnen distanzieren kannst. Auch für diese Meditation gilt: Solltest du keine Erfahrung mit der Meditation haben und dich mit 20 Minuten überfordert fühlen, so beginne mit einer kurzen Meditation.

Komm zuerst in eine aufrechte Sitzhaltung, schlage den Gong und schließe dann die Augen. Gehe mit deiner Aufmerksamkeit zu deiner Atmung. Atme zuerst ein paar Mal durch die Nase ein und durch den Mund aus.

Das ist eine gute Zäsur, um im Moment anzukommen. Bei dieser Meditation richtest du deine Aufmerksamkeit wieder ganz bewusst auf deine Atmung. Sollte dann ein Gedanke kommen, so nimm ihn wahr und benenne ihn, um anschließend zur Atmung zurückzukehren. Sollte der Strom der Gedanken nicht aufhören, gehe zu Beginn deines nächsten Gedankens und nimm die Stille wahr, die vorhanden ist, bevor der nächste Gedanke auftaucht. Wenn der nächste Gedanke dann wieder deine Aufmerksamkeit absorbiert, gehe zum Beginn des nächsten Gedankens. Atme abschließend ein paar Mal ganz bewusst tief ein und aus und kehre dann in deinen Alltag zurück.

Übung: Leer werden

Lasse für diese Übung alles los, selbst die Stille. Stell dir vor, dass alles mit der Ausatmung in den Boden abfließt – alle Gedanken, alle Gefühle, alle Körperempfindungen. Werde leer. So, als würdest du eine Tasse mit Tee ausschütten. Lasse alle Erwartungen, alle Vorstellungen, alle Wünsche los, die an diese Übungen gekoppelt sind. Lasse auch alle Erwartungen an dich selbst los. Lasse alle Vorstellungen los, wie dein Leben aussehen könnte, wenn du die Rast- und Ruhelosigkeit hinter dir gelassen hast. Lasse alles los, bis auf diesen einen Atemzug. Werde ganz leer. Hab keine Angst vor der Leere. Genieße sie. Leere ist nicht zu verwechseln mit Bodenlosigkeit. Entspanne dich in die Leere. Sie ist dein wahres Zuhause.

Regelmäßigkeit ist der Schlüssel

Du wirst sehen, wie wohltuend regelmäßige Meditation ist. Gleichzeitig bleibt das Leben natürlich auch so, wie es ist: Es hält seine Herausforderungen und Prüfungen für uns bereit, und diese werden nicht weniger, nur weil wir meditieren. Der Unterschied allerdings ist, dass wir lernen, besser mit diesen Dingen umzugehen. Das bedeutet, dass du auch dann, wenn du regelmäßig meditierst, weiterhin Phasen haben wirst, in denen du mal mehr oder weniger ruhelos, rastlos, traurig, ängstlich, neidisch, eifersüchtig, verzweifelt oder wütend bist. Und es wird Zeiten geben, in denen du das Gefühl hast, dass der Stress zunimmt und auch die innere Unruhe nicht vollkommen weg ist.

Die Herausforderungen des Lebens kommen und gehen, aber die Zeitspannen, in denen sich deine ganze Aufmerksamkeit um sie dreht, werden sich durch die Praxis der Achtsamkeit verkürzen lassen. Du wirst sehen, dass drei Atemzüge in Achtsamkeit hier und da wie ein kleines Wundermittel wirken und du immer schneller zu dir zurückkommst. Das hat etwas sehr Befreiendes, da du deinen Gedanken, Gefühlen und Körperempfindungen nicht mehr ausgeliefert bist, sondern die Wahl hast, in ein Drama einzusteigen oder nicht. Wenn du also zukünftig in einer scheinbar stressigen oder nervtötenden Situation ärgerliche, Angst machende oder lähmende Gedanken hast, kannst du sie vorbeiziehen lassen, ohne dich mit ihnen zu identifizieren.

Wenn sich das zwanghafte Verlangen legt, vor dem gegenwärtigen Moment zu fliehen, und es dir gelingt, immer öfter innezuhalten, fließt die Freude des bedingungslosen Seins in deine Handlungen ein. Dann wirst du dein tiefstes Wesen wahrnehmen und erkennen, dass du nicht mehr in die Vergangenheit oder Zukunft fliehen musst, um dort die Befriedigung deiner Wünsche zu erfahren. Mit jeder Meditation, die du übst, wirst du dich von der Rast- und Ruhelosigkeit entfernen und eines Tages wirst du sie in dir selbst finden, jene Stille, die dich ausmacht.

Mensch, überfordere dich nicht!

Es wird eine Zeit lang dauern, bis sich deine innere Unruhe gelegt hat. Auch ein Baum braucht schließlich lange Zeit, bis er ausgewachsen ist. Auf deiner Reise zur Achtsamkeit wirst du dich zwischendurch verlieren und vielleicht glaubst du, dass du ganz von vorn anfangen musst. Aber verurteile dich nicht, wenn du nicht gleich mit längeren Meditationen anfangen kannst.

Viel wichtiger ist es, zu erkennen, was dir leichtfällt, und genau an diesem Punkt einzusteigen. Im Yoga heißt es, dass man den Menschen nicht an das Yoga anpassen soll, sondern das Yoga umgekehrt an den Menschen. Das Gleiche gilt für mich auch hinsichtlich der Meditation. Sei also geduldig mit dir und wertschätze dich dafür, dass du dir überhaupt die Zeit nimmst, dieses Buch zu lesen und die Übungen zu machen.

Geh den Weg des Herzens

Die letzten Zeilen dieses Buches richten sich an mutige Leserinnen. Sie richten sich an Menschen, die vorbehaltslos ihrem Herzen folgen möchten. Wenn wir dies tun, erkennen wir, dass wir vom Leben geführt werden. Dann wird sich die Unruhe in Vertrauen wandeln, und aus Angst wird Zuversicht. Allerdings erlebe ich immer wieder, dass sich Menschen schwertun, ihrem Herzen zu folgen. Eigentlich ist uns nichts so nah wie das eigene Herz. Doch allzu gern stellt sich der Verstand zwischen uns und unser Herz und sagt: Ach, so einfach kann das doch gar nicht gehen!

Dem eigenen Herzen zu folgen erfordert Mut, weil sein Weg oftmals ein anderer ist als der, den unsere Eltern, Gesellschaft oder Autoritäten für uns vorgesehen haben. Auch hat er manchmal auf den ersten Blick keine rechte Logik. Im Rückblick wirst du jedoch vielleicht erkennen, dass die Entscheidungen, die aus deinem tiefsten Herzen kamen, die besten waren. Wie der dänische Philosoph Søren Kierkegaard sagte: Leben kann nur vorwärts gelebt und rückwärts verstanden werden. In einer Gesellschaft, die die Maxime »Ich denke, also bin ich« hochhält, ist es allerdings ein großes Abenteuer, dem Herzen zu folgen.

In meinen Kursen übe ich die folgende Herzmeditation regelmäßig; 90 Prozent der Teilnehmer erhalten sofort eine Antwort von ihrem Herzen. Bei manchen kann es eine Weile dauern, aber auch hier gilt: Verurteile dich nicht, wenn dein Herz dir nicht sofort sagt, was es von dir braucht. Lass ihm Zeit. Klopfe jeden Tag wieder an und frage es ganz zärtlich und liebevoll, so, wie du deinen Geliebten fragst, was er sich von dir wünscht.

Führe nach Möglichkeit ein Herztagebuch und schreibe deine Herzenswünsche auf. Am besten liest du es dir jeden Tag durch, denn oft geht die Botschaft des Herzens im Alltag unter. Folge deinem Herzen und du wirst sehen, dass früher oder später in deinen Geist Ruhe einkehrt und sich dein Körper mehr und mehr entspannt.

Übung: Meditation mit dem Herzen

Sorge dafür, dass du für die Dauer der Meditation ungestört bist. Mach es dir auf deinem Stuhl oder deinem Meditationskissen bequem. Setze dich aufrecht hin und achte darauf, dass dein Körper entspannt ist. Du kannst diese Meditation auch im Liegen praktizieren, aber erfahrungsgemäß bist du im Sitzen wacher und präsenter. Wenn es dir möglich ist, schließe die Augen. Solltest du lieber mit offenen Augen meditieren, so lass sie geöffnet.

Komm an, indem du einige Male durch die Nase einatmest und durch den Mund ausatmest. Es hilft sehr, wenn du eine Hand auf dein Herz legst. Noch wirkungsvoller ist es, wenn du deine Hand auf die blanke Haut legst. Dieser unmittelbare Hautkontakt fördert das Gefühl, dass du jetzt wirklich ganz bei dir bist. Durch diese Berührung vermittelst du deinem ganzen Sein auch noch einmal, dass du dir jetzt Zeit für dich selbst nimmst und dich dir mit deiner ganzen Aufmerksamkeit zuwendest.

Geh dann mit deiner Aufmerksamkeit zu deiner Atmung. Nimm wahr, wie der Atem in deinen Körper einströmt und ihn wieder verlässt. Stell dir vor, dass dein Körper durch die Einatmung auf verschiedenen Ebenen genährt wird. Kannst du spüren, wie sich deine Muskeln durch die langsame Ausatmung mehr und mehr entspannen?

Löse die Aufmerksamkeit von deiner bewussten Atmung und lass den Körper dich atmen. Du brauchst nichts zu tun. Sei einfach mit dir selbst. Mitfühlend. Liebevoll. Achtsam. Nimm den Rhythmus deiner Atmung wahr. Nimm wahr, wie der Atem kommt und geht. Lass dir Zeit, diese Bewegung bewusst wahrzunehmen.

Richte deine Aufmerksamkeit auf dein Herz und lenke deine Atmung dorthin. Nimm wahr, wie der Atem hier kommt und wieder geht. Vielleicht kannst du deine Aufmerksamkeit so auf dein Herz richten, als würdest du dich einem kleinen Kind zuwenden oder für eine gute Freundin oder einen guten Freund da sein. Nimm wahr, wie der Atem den Körper in einem besänftigenden Rhythmus bewegt, so wie die Wellen den Ozean bewegen, und dein Herz dabei mit Liebe und Selbstmitgefühl umspült. Gehe dann noch mehr mit deiner Aufmerksamkeit zu deinem Herzen und frage es: Was wünschst du dir von mir? Ruhe? Selbstmitgefühl? Achtsamkeit? Entspannung? Liebe? Verbundenheit? Zeit? Warte ab, bis die Antwort kommt. Wenn keine Antwort kommt, wiederhole diese Meditation zu einem späteren Zeitpunkt. Nun frage dein Herz: Was brauchst du nicht mehr? Stress? Angst? Selbstzweifel? Anspannung? Eifersucht? Neid? Atme ein, was du dir wünschst, und atme aus, was du nicht mehr brauchst, zum Beispiel: Ich atme Selbstmitgefühl ein. Ich atme Anspannung aus. Verweile bei diesen Sätzen und wiederhole sie mehrere Minuten.

Erlaube deinem Atem währenddessen, deinen Körper sanft zu wiegen und zu umsorgen, während du mit deinem Herzen im Dialog bist. Vielleicht kannst du ganz in dein Herz tauchen, anstatt nur ein Zwiegespräch mit ihm zu führen. Vielleicht kannst du sogar zu deinem Herzen werden. Sei einfach. Sei. Einfach.

Wenn möglich, bleibe hier für ein paar Minuten. Löse dann ganz achtsam deine Aufmerksamkeit von deinem Herzen, nimm dich noch einmal von innen wahr und kehre langsam wieder in den Alltag zurück.

Wiederhole diese Meditation ruhig jeden Tag. Nimm dir immer wieder ein paar Minuten Zeit für dein Herz, bleibe eine Zeit lang bei diesen Sätzen und setze sie dann nach und nach in deinem Alltag um. Schenke dir Ruhe, Entspannung, Selbstmitgefühl. Gib deinem Herzen, was immer es sich von dir wünscht.

ZU GUTER LETZT: EINFACH WEITERGEHEN

Herzlichen Glückwunsch! Du hast das Buch bis zum Ende gelesen. Vielleicht bist du durch die Übungen schon etwas ruhiger geworden. Wenn nicht, gib bitte nicht auf. Vielleicht hast du Zweifel oder Ängste, die dich davon abhalten, dich ganz auf die Praxis der Achtsamkeit einzulassen. Wenn dies der Fall ist, dann scheue dich nicht, mich zu kontaktieren.

Ich selbst habe viele Jahre gebraucht, bis ich mich auf dem Meditationskissen wohlgefühlt habe. Ich habe es oft in die Ecke geworfen und vergessen – bis ich den Ruf meines Herzens nicht mehr überhören konnte und mich entschieden habe, den Weg konsequent zu gehen. Seitdem ist mein Leben ein anderes. Besonders geholfen hat mir ein Satz von einer spirituellen Lehrerin: Was unterscheidet einen Menschen von einem Heiligen? Ein Heiliger steht 10.000 Mal wieder auf und geht einfach weiter. Dieser Satz hat mir sehr geholfen. So stehe ich immer und immer wieder auf und gehe weiter, um eine Erfahrung reicher und eine Erkenntnis weiter. Schritt für Schritt. Atemzug für Atemzug.

Das Geheimnis ist: einfach weitergehen. Schritt für Schritt. So lange, bis wir erkennen, dass wir angekommen sind.

Alles Gute auf deinem Weg!
Deine Doris Iding

Bevor du das Buch aus der Hand legst,
halte doch bitte noch ein letztes
Mal ganz bewusst inne für:

DREI ATEMZÜGE IN ACHTSAMKEIT

Einatmen.
Ausatmen.

Einatmen.
Ausatmen.

Einatmen.
Ausatmen.

Wunderbar!
Du bist großartig!

LITERATUR

Altmann, Andreas: Triffst Du Buddha, töte ihn. Ein Selbstversuch. Dumont, 2010

Allione, Tsültrim: Den Dämonen Nahrung geben. Buddhistische Techniken zur Konfliktlösung. Goldmann, 4. Auflage, 2009

Arway, Clemens G.: Der Biophilia-Effekt: Heilung aus dem Wald. Ullstein, 2016

Ash, Mel: Das Zen der Gesundung, Spirituelle und therapeutische Techniken auf dem Weg von Abhängigkeit zur Freiheit. Knaur, 1997

Bandelow, Borwin: Das Angstbuch. Woher Ängste kommen und wie man sie bekämpfen kann. Rowohlt, 2006

Batchelor, Martine: Innere Grenzen sprengen. Verhaltensmuster verändern und Gewohnheiten loslassen. Knaur Mens-Sana, 2009

Bays, Jan Chozen: Achtsam durch den Tag. 53 federleichte Übungen zur Schulung der Achtsamkeit. Windpferd, 2012

Brach, Tara: Nach Hause kommen zu sich selbst. Im erwachten Herzen Zuflucht und Geborgenheit finden. Koha, 2012

Chödrön, Pema: Geh an die Orte, die du fürchtest. Arbor, 2001

Dalai Lama: Zuflucht zur Geduld. Worte für alle Tage. Diederichs, 2009

Dunemann, Pfahl: Traumasensibles Yoga – TSY: Posttraumatisches Wachstum und die Entwicklung von Selbstmitgefühl (Leben lernen). Klett Cotta, 2017

Emerson, David; Hopper, Elisabeth: Trauma-Yoga. Heilung durch sorgsame Körperarbeit. Mit Vorworten von Peter A. Levine & Stephen Cope. G.P. Probst, 2012

Germer, Chris: Der achtsame Weg zum Selbstmitgefühl: Wie man sich von destruktiven Gedanken und Gefühlen befreit. Arbor, 2015

Goldstein, Elisha; Stahl, Bob: MBSR für jeden Tag. Die achtsamkeitsbasierte Stressbewältigung im Alltag. Arbor 2016

Hanson, Rick; Mendius, Richard: Das Gehirn eines Buddha. Die angewandte Neurowissenschaft von Glück, Liebe und Weisheit. Arbor, 3. Auflage, 2011

Hanson, Rick; Mendius, Richard: Meditationen, um das Gehirn zu verändern. Wie wir unsere Nervenbahnen neu verdrahten. Windpferd, 2009

Han Shan: Wer loslässt, hat beide Hände frei. Lübbe, 2011

Han Shan: Achtsamkeit. Die höchste Form des Selbstmanagements. Trinity, 2012

Härle, Dagmar: Praxisbuch Traumasensitives Yoga. Über die Wirkung von Yoga bei komplexen Traumata. Junfermann, 2016

Hayward, Susan: Das kleine Buch der Weisheiten. Stellen Sie eine Frage, schlagen Sie das Buch auf und lesen Sie die Antwort. Droemer Knaur, 2001

Heckmann, Inga: Das kleine Buch vom guten Morgen: Die besten Yoga-Übungen, Rituale und Rezepte für den Start in den Tag. Irisiana, 2018

Iding, Doris: Der kleine Achtsamkeitscoach. Gräfe und Unzer, 2012

Iding, Doris: Buddha fürs Büro: 52 Impulse für mehr Achtsamkeit am Arbeitsplatz. Irisiana, 2015

Iding, Doris: Ängste überwinden: Mein Übungsbuch für mehr Optimismus & Gelassenheit. Gräfe und Unzer Mind & Soul Übungsbuch, 2016

Iding, Doris: Achtsamkeit: Mein Übungsbuch für mehr Balance und Harmonie. Gräfe und Unzer Mind & Soul Übungsbuch, 2015

Iding, Doris: Gelassenheit ON THE GO: Kleine Entspannungen für unterwegs. Windpferd, 2016

Iding, Doris: Alles ist Yoga: Weisheitsgeschichten aus dem Yoga. Schirner, 2015

Iding, Doris: Die Angst, der Buddha und ich. Windpferd, 2013

Kabat-Zinn, Jon: Die heilende Kraft der Achtsamkeit. CD mit Begleitbuch. Arbor, 2009

Kabat-Zinn, Jon: Gesund durch Meditation. Das vollständige Grundlagenwerk zu MBSR. O.W. Barth, 2013

Kabat-Zinn, Jon: Achtsamkeit und Meditation im täglichen Leben, CD mit Begleitbuch. Arbor, 2007

Kabat-Zinn, Jon: Zur Besinnung kommen: Die Weisheit der Sinne und der Sinn der Achtsamkeit in einer aus den Fugen geratenen Welt (broschiert). Arbor, 2016

Kornfield, Jack: Nach der Erleuchtung Wäsche waschen und Kartoffeln schälen: Wie spirituelle Erfahrung das Leben verändert. Goldmann, 2010

Kornfield, Jack: Das weise Herz. Goldmann Arkana, 2008

Kornfield, Jack: Frag den Buddha und geh den Weg des Herzens. Kösel, 1995

Kornfield, Jack: Das strahlende Herz der erwachten Liebe. Arbor, 1991

Kornfield, Jack: Das Tor des Erwachens. Wie Erleuchtung das tägliche Leben verändert. Kösel, 2000

Kornfield, Jack: Offen wie der Himmel, weit wie das Meer. Worte der Weisheit für Vergebung und Frieden. Kösel, 2004

Kornfield, Jack: Buddhas kleines Weisheitsbuch. Knaur MensSana, 2001

Kornfield, Jack: Geschichten des Herzens. Arbor, 1991

Mannschatz, Marie: Mit Buddha zu innerer Balance. Wie Sie aus der Achterbahn der Gefühle aussteigen. Gräfe und Unzer, 2011

Neff, Kristin: Selbstmitgefühl – Schritt für Schritt. Arbor, 2014

Reddemann, Luise: Trauma heilen: Ein Übungsbuch für Körper und Seele. Trias, 2018

Reddemann, Luise: Imagination als heilsame Kraft: Ressourcen und Mitgefühl in der Behandlung von Traumafolgen (Leben lernen). Klett Cotta, 2017

Rosa, Hartmut: Beschleunigung und Entfremdung – Entwurf einer kritischen Theorie spätmoderner Zeitlichkeit. Suhrkamp, 2013

Thich Nhat Hanh: Kein Werden, kein Vergehen. Buddhistische Weisheit für ein Leben ohne Angst. Knaur MensSana 2008

Thich Nhat Hanh: Das Herz von Buddhas Lehrer. Leiden verwandeln – die Praxis des glücklichen Lebens. Herder/spektrum, 1998

Thich Nhat Hanh: Einfach lieben. O.W. Barth, 2016

Thich Nhat Hanh: Einfach sitzen. O.W. Barth, 2016

Tolle, Eckhart: Jetzt! Die Kraft der Gegenwart. J. Kamphausen, 2010

van der Kolk, Bessel: Verkörperter Schrecken. Traumaspuren in Gehirn, Geist und Körper und wie man sie heilen kann. G. Probst, 2015

DANK

Mein besonderer Dank gilt Inga Heckmann, die mit mir dieses Buch realisiert hat. Ihre Tipps und Hinweise für den Aufbau des Buches haben mir sehr geholfen. Die Gespräche und der Austausch mit dir sind für mich ein großes Geschenk. Vielen Dank dafür.

Ganz herzlichen Dank auch an Daniele Weiler für ihr Dasein und ihre Freundschaft. Ich bin sehr erfreut darüber, dass es dich gibt und wir einen so intensiven und anregenden Austausch pflegen.

Mein Dank gilt auch all meinen Lehrern, bekannten und unbekannten, gewählten und unfreiwilligen. Sie unterstützen mich darin, immer öfter innezuhalten für drei Atemzüge in Achtsamkeit, sowie darin, den Weg meines Herzens zu gehen.

ÜBER DIE AUTORIN

Doris Iding ist MBSR-Lehrerin, Yoga- und Meditationslehrerin. Weltweit leitet sie Seminare, Fort- und Ausbildungen zum Thema Yoga, Meditation und Achtsamkeit. Nach dem Motto: »Alles, was ist, darf sein!« ist es ihr sowohl in ihren Kursen als auch in ihren Artikeln und Büchern ein großes Anliegen, den Menschen zu vermitteln, dass es bei der Achtsamkeit und Meditation in erster Linie um Selbsterkenntnis geht, nicht aber um Selbstoptimierung. Begegnen wir uns also mit viel Selbstmitgefühl, Wohlwollen und Geduld, wird das Leben leichter und die Achtsamkeits- und Meditationspraxis erfüllender. 18 ihrer Bücher wurden in andere Sprachen übersetzt.

http://www.vomglueckderkleinendinge.blogspot.de/
http://www.glueckundachtsamkeit.de

IMPRESSUM

2. Auflage 2020
by Irisiana Verlag, einem Unternehmen der Penguin Random House Verlagsgruppe GmbH,
Neumarkter Straße 28, 81637 München

Projektleitung: Inga Heckmann

Lektorat: Dr. Ulrike Kretschmer

Korrektorat: Susanne Langer-Joffroy

Layout: Claudia Scheike, Martin Knipping,
unter Verwendung von Motiven von © shutterstock
(Figur: woodpencil, Mosaik: Anne Mathiasz)

Herstellung: Claudia Scheike

Umschlaggestaltung: Geviert – Büro für Kommunikationsdesign, München, unter Verwendung von Motiven von © shutterstock/woodpencil, Anne Mathiasz

Satz: Knipping Werbung GmbH, Berg am Starnberger See

Druck und Verarbeitung: Print Consult GmbH, München

Penguin Random House Verlagsgruppe FSC® N001967

ISBN 978-3-424-15360-6